女儿，你只需勇敢做自己

小精豆子 ◎著

华夏出版社

图书在版编目（CIP）数据

女儿，你只需勇敢做自己 / 小精豆子著. —北京：
华夏出版社，2014.7（2014年重印）

ISBN 978-7-5080-8142-7

Ⅰ.①女… Ⅱ.①小… Ⅲ.①儿童教育－家庭教育
Ⅳ.①G78

中国版本图书馆CIP数据核字（2014）第124822号

出品策划：华夏盛轩

网　　址：http://www.huaxiabooks.com

女儿，你只需勇敢做自己

作　　者	小精豆子
责任编辑	陈素然
装帧设计	蒋宏工作室
出版发行	华夏出版社
	（北京东直门外香河园北里4号　邮编：100028）
总 经 销	新华文轩出版传媒股份有限公司
印　　刷	三河市华业印务有限公司
开　　本	720mm × 1020mm　1/16
印　　张	16
字　　数	277千字
版　　次	2014年7月第1版　2014年11月第2次印刷
定　　价	30.00元
书　　号	ISBN 978-7-5080-8142-7

本版图书凡印刷、装订错误，可及时向我社发行部调换

放手让女儿自由成长

转眼间，我已经是一个 6 岁孩子的妈了。回首"闪婚""裸婚""闪孕"的那些日子，恍如隔世。从得知怀孕的惊喜和紧张，到孕期的"大肚婆"生活，再到升级为新手妈妈后的手足无措，一路走来，磕磕绊绊。

我曾因坐月子的各种不适产生过抑郁情绪，也曾因女儿生病而跟着女儿一起哭过，还曾因女儿的淘气在街上对她大声咆哮……但每当看到女儿独立勇敢的模样，我都暗自欣慰：所有的一切都是值得的！

记得女儿第一次翻身时，我紧盯着她，虽然她试了几次都没成功，但她还是不停地尝试着翻过去，就在我犹豫着要不要帮她的时候，只见她以一个完美的动作翻过去了。当时，我心里满是感动。

记得女儿 4 个月的时候，就已经可以很稳当地坐着了；1 岁时，她就已经可以熟练地使用筷子了；2 岁时，她就已经是一个伶牙俐齿的小孩儿了；不到 3 岁，她就已经能够很熟练地自己穿脱衣服了……她总是喜欢进行各种有难度的挑战。

不到 4 岁时，女儿就已经开始帮我干活了。她用小手洗自己的小袜子，还喜欢踩着凳子帮妈妈洗碗。她最常说的一句话是："自己的事情自己做，妈妈的事情我也帮着做。"她不喜欢依赖别人，凡事也总喜欢冲在前面。

有一次，我俩去超市买菜。我领着女儿规矩地排在长长的队伍后面，可总有一些人在我们前面插队。这时，女儿一把从我手里夺过菜，直接走到了插队那些人的前面，还大声喊着："妈妈，过来！我们应该排在这里。"

我希望女儿勇敢独立，所以宁愿做个"懒妈"。"懒"就是要给女儿一个更大的成长空间，让女儿能够尽情地自由发挥。

其实，在育儿的路上，我也曾走过很多弯路，也曾怕自己教不好宝宝，还曾对她大声咆哮。但经过摸索，我发现，其实当妈妈的只要给女儿真正的爱和自由，顺其自然，孩子就会给你带来意想不到的惊喜。原来，养儿是一个共同成长的过程。

我认为，宝贝喜欢做什么，就一定有她自己的想法。别小瞧孩子，她也有自己的思想。事实上，女儿5个月就已经可以熟练地爬了；7个月的时候已经能小站一会了；10个月的时候，她就自己能向前迈步了；11个月的时候已经能够熟练地走路了。这些都是宝贝顺其自然学会的。我从来没有刻意去教过她什么，也没有故意训练过她。

在女儿的吃饭问题上，我也从来都是大胆放手。1岁以前，萌宝经常会用手抓饭吃。对于这些行为，我从来都不会干涉阻止。相反，我还会拿个碗过来，让宝贝尽情地发挥。虽然到最后，她都会折腾得哪儿都是饭粒，但我认为，这对宝贝来说未必是坏事，至少可以锻炼她的手眼协调能力。

我也从来不主张追着宝宝喂饭。萌宝从1岁起就喜欢自己用勺子吃饭。自此以后，我索性在她每次吃饭的时候，就单独给她盛一碗饭，然后让她自己锻炼着用勺子吃。刚开始，宝贝不是洒了就是弄身上了。但是慢慢地，宝贝也就养成了自己吃饭的好习惯。从1岁到现在，女儿从来都是自己主动吃饭。

在培养宝宝的独立性上，我会在平时收拾家务时让宝宝帮忙。虽然大多数情况下小丫头都是越帮越乱。但是让她加入到劳动中来，对她来说也是一种锻炼。

我也经常让宝贝帮我拿东西。有时候，茶几上有杂物，我也会让萌宝帮忙去清理。以至于现在萌宝看不得桌子上有杂物，只要看到必会清理。

其实，在刚生萌宝的时候，我也曾对孩子"捧在手里怕摔了，含在嘴里怕化了"。那时，我真的过得疲惫不堪，每天都处于极度焦虑中。现在，我也想通了，孩子的成长难免磕磕碰碰，如果做妈妈的总是处于紧张担心的状态，对宝宝的成长也不利，不如索性放手让孩子自己去做吧。

原来，育儿也需要转换心态。现在，我只想说："放手去爱，让女儿勇敢做自己。"

目录
CONTENTS

第一章
辣妈闪婚，怀孕后囧态百出

第二章
0~1岁：初为人母，我像个妈妈了

第三章
1~2岁：家有小女，稀里糊涂过日子

第四章
2~3 岁：小女当家，调皮捣蛋爱折腾

第五章
3~6岁：和女儿一起成长

第六章

3~6岁：泼辣辣的女儿，懒懒的妈

第七章

3~6岁：放手去爱，其实没那么难

第一章

辣妈闪婚，
怀孕后囧态百出

　　时间过得真快，从单身到已婚，再到升级为妈妈，一切都像做梦一样，肩上的责任突然就重了起来。有了孩子，每晚 2~3 次的夜奶让原本贪睡的我，再也找不到任何贪睡的理由，一晚上总惦记着是不是会压到身边软绵绵的小宝宝。

1

我居然去相亲了

* * *

2007 年，我在上海工作，当时自认为条件不错，一直没有结婚的打算，只是家人很为我的婚事着急。

随后，姐姐给我介绍了一个男朋友，我心里真是不太想见，心想我还不至于沦落到让人介绍对象的地步吧！但姐姐不理这些，之后不断劝我去见见，加上我当时又处于感情空白期，所以决定试一试。

这个男朋友就是将来的萌爸了。

话说萌爸在问我姐要了我的照片后，就以最快的速度跟我姐要了我的电话。第一次接到萌爸的电话时，我一度还以为是骗电话费的，所以拒接。而他呢，真是锲而不舍啊！

萌爸打不通电话，就发消息给我。当我得知他就是我姐给我介绍的男朋友时，真是哭笑不得！此后几天，萌爸的"骚扰电话"一个接一个打来，接连 3 天，攻势如潮，我有了一点心动的感觉。

说来也巧，当时正赶上五一放假，萌爸听说我一个人在上海，就不停地劝我回去同他"相亲"。萌爸说："不管怎样，咱们都应该先见见面再说吧，总靠着通电话，彼此都不知道对方长什么样，而我也仅仅见过你的照片，你连我长什么样都不知道……"我想也是啊，大家还是见个面的好。如果有感觉，那就继续相处下去，如果没感觉就好说好散。

就这样，我订了到北京的机票，提前约好了，萌爸到机场接我。

在飞机上，我不断设想他的样子，两个小时后，我

▲ 一直过着自由自在生活的我居然相亲了，并从此结束了单身的生活。

就到北京了。下飞机前，我特意化了一下妆，自认为倍儿精神。

我穿一双大概7厘米的高跟鞋，加上171厘米的身高，修长的身材，又穿上了特意买的黑衣服，白领子，小泡泡短袖，黑色蓬蓬裙，皮肤养得又白，超漂亮呀！

我一下飞机，自我感觉良好，周围不时有一些闪亮的目光冲我而来，我自恋啊，心想："嗯！这就是我想要的效果，真不知道对方是个什么人。如果太邋遢了，那我该找谁哭去呢？"

我心里有点兴奋，又有点担忧。因为我本来就高，再加上穿了高跟鞋，走在人群里有一种鹤立鸡群的感觉。快到机场出口时，我很快就被和萌爸一起来的朋友认出来了。

看到萌爸的第一眼，我心里嘀咕了一句："总体看来还成！"萌爸看到我，就像傻了一样，居然没有和我说一句话，而是直接傻傻地走到车门前，来了个请上车的手势。看这架势，我心里倒抽一口凉气："看不上我？不可能啊！是我太扎眼，害怕了？"算了，静观其变吧！

接下来，我们驱车到了饭店，自始至终，我都保持着一副大家闺秀的表情，几乎没有和萌爸讲话，我想先看看接下来的形势再说。落座后，萌爸拉着朋友，假装去选饮料，其实借机讨论我去了。看着两个人交头接耳、窃窃私语的样子，我心里真是拔凉拔凉的。

这个萌爸，相亲还那么传统，借机和朋友对我评头论足，真是的！

2

三天后，闪婚

* * *

我和萌爸见面后，匆匆吃了饭，几乎没说话，然后就去逛商场了。

在逛商场时，我没有选任何东西。在没有决定任何关系下，我是不想接受他的礼物的。萌爸一直没有与我并肩而行过，而是在我后面像跟屁虫一样跟着。他问我有什么需要的没有，我答曰："没有！"然后，我见他一副挺失落的样子，心里还纳闷："这人也忒实在了点，虽然通过几天话了，但见面还是第一次。人家女方不要他的东西。他还这么失落？"

在开车回我家的路上，萌爸终于憋不住了，说了句："以后和你见面，你能不能不穿高跟鞋啊？你没看到我一直都在你后面跟着，从来也不敢和你并肩走吗？"原来，萌爸一直嫌我比他高啊，他有自知之明，才不敢同我一起走的。萌爸很无辜，我心里笑开了花。我特意穿了一双最高的鞋，没想到却无形中给了萌爸这么大的压力，哈哈！

见面3天后，我和萌爸决定闪婚。5月3号去领结婚证那天，我们被告知五一期间放假一个礼拜，回去等着吧。想着萌爸当时心急火燎的样子，现在我还是忍不住想笑！

5月8号民政局正常上班，吃过早饭后，我和萌爸迫不及待地来到了民政局，拿回各种证件兴奋地结束了单身生活。从此，我变成了一个居家过日子的家庭主妇！

▲ 我和萌爸是先结婚，后恋爱。就这样，我稀里糊涂地结束了单身生活。

3
第一次怀孕，人一下"糊涂"了

* * *

结婚4个月左右，我突然发现自己超级能吃，尤其喜欢吃刺激性的食物。随后，一向准时的"好朋友"也没有如期来临。倒是姐姐提醒了我："是不是怀孕了？"我一听姐姐的话，心就开始"砰砰砰"地跳起来，莫非我真的"中招"了？

那天早晨，我绕开熟睡的萌爸，偷偷摸摸地下了床，拿出早已准备好的验孕棒躲到卫生间里面，心里既紧张又害怕，平复了一下慌乱的心情，我鼓起勇气做了验孕。1分钟后，验孕棒居然出现了两条红线，这让我有点恍惚，这是真的吗？

我心跳加速，怯怯地走到熟睡的萌爸跟前，推了推他，说："告诉你件事！"萌爸迷迷糊糊地看着我："什么事啊？还挺神秘的样子！"我有点害羞了。

当我告诉他我怀孕了时，我看到他眼中的惊喜一掠而过，然后瞬间就平静了下来，对我说："你确定吗？"

我点了点头，心里有些失望，萌爸居然没有像电视剧中的男主人公那样，兴奋地抱起我说："我要当爸爸了！"他呆望着我，我想他跟我一样，估计也"糊涂"了吧。

事后，萌爸告诉我，他当时非常激动，只是故作矜持罢了。怀孕虽然不是计划中的事情，但我也终于不用再担心自己不孕了，哈哈！

从此，我开始了"好孕"之路。

辣妈养女经

在得知自己怀孕的那一刻，我很惊讶，也很激动，还有一点不可思议的感觉，大脑有一点晕乎乎的！从单身变妻子，再转变成妈妈，如此变化，让我的心情怎能平静呢？

4

孕事（一）：像熊猫一样，懒洋洋的

✽ ✽ ✽

从小我就是个长不大的孩子。妈妈常常"取笑"我说："你啊！玩心太重了，真不知道将来你能否担起当妈妈的责任哟！"老妈的话让我很不服气。哼！我下定决心，一定要做个好妈妈。

为了宝宝，我每天都按时休息，早睡早起，行动也小心翼翼的。逛商场的地方也变成了孕婴店。我还戒掉了好多不良习惯，比如喝咖啡和浓茶。

我从前一直比较喜欢上网，但为了宝宝的健康，我也彻底不上网了。我不再迷恋美剧，也再痴迷于玩游戏了，而是开始改看一些专业的育儿知识。有时候，我还会听一听胎教音乐，找妈妈们聊一些育儿的事。听说微波炉对孕妇有辐射，家里的微波炉也不开了。

我细心地呵护着肚子里的小宝宝，生怕一不小心伤了宝宝。

平时，我每天变着花样给自己做饭。由于怀孕初期有妊娠反应，我也没有什么食欲，一天眼巴巴地看着一盘盘可口的饭菜，还有好吃的食物，却不能大口大口地吃，这真把我急坏了。我深怕自己食欲不好，影响到宝宝的发育。

大家都说，女人怀孕后情绪波动很大，很神经质，我也一样。一到街上，只要闻到什么不好的味道，我就特别担心："这个刺鼻的味道，会不会伤害到我的宝宝呀？"每次回家问老公，他都大笑道："你太敏感了，宝宝可不像你想象得那么脆弱。"

听到老公的安慰，我心里才踏实下来。

辣妈养女经

怀孕期的女人情绪波动比较大，这时可及时与老公沟通，解开心结，让自己有一个好心情。另外，孕初期妊娠反应比较大，吃不进东西，这也不用担心，想吃点什么就吃点什么，过了这个阶段就好了。

5
孕事（二）：第一次听胎心
✳ ✳ ✳

▲ 孕后，我给宝宝准备的小老虎肚兜。

辣妈养女经

孕妈妈一定要遵照医生的嘱咐，按时做产前检查。比如通过胎心检查，可反映出胎宝宝是否缺氧。

怀孕后，我在医院建了产前检查卡。怀孕早期的产前检查一个月一次。一到和医生约定的日子，我既期待，又有些忐忑，期待能从医生嘴里听到小宝宝一切都平安的消息，同时又害怕小宝宝在肚子里有什么不适的情况发生。

还记得第一次去做胎心检查，在排队时，我心里就一直忐忑不安。进了检查室，医生示意我躺下，把胎心仪放到了我的小腹上面，平淡地问："怀孕多长时间了？"不知为什么，我竟然有点紧张，哆哆嗦嗦地回答："刚两个月！"话刚说完，医生就提醒我："开始了，听听宝宝在肚子里发出的美妙音乐吧！"

刚开始，我还是有点紧张，医生说要放松，我的情绪才慢慢地平静下来。通过胎心仪的传播，我听到清晰而有力的"咚咚"声很有节奏地从肚皮里传了出来。我仔细聆听，像是钟表的"滴答"声，却比钟表更有力，还像是一匹小马驹的走路声。听着宝宝规则的胎心音，我的心情很激动。

从检查室出来后，老公一脸茫然地看着我，很急迫地想知道详细情况。我忍不住激动的心情，兴奋地向他炫耀："这是我听到的世界上最美妙的声音了。"

萌爸听我这么一说，表情瞬间轻松了下来。

6

孕事（三）：孕4月，第一次胎动特兴奋

* * *

自从怀孕后，我特别喜欢和妈妈级别的人交流，请教一些育儿经验。听别的妈妈说，4个月左右就会有胎动，我天天盼，想小宝宝啥时候会来第一次胎动，好希望感受一下那奇妙的胎动。

有一天，我看到肚脐眼一跳一跳的，因为没有常识，我以为是胎动，就兴奋地告诉家人说："我的胎宝能动了！"

姐姐特别兴奋，让我赶紧描述一下。我说："就是肚脐眼一动一动的啊。"姐姐大笑道："你真是傻的可爱呢。那不是胎动，好不好？！"我无语。

孕后4个月，我期盼已久的小宝宝终于和我有了第一次互动。那一天，我突然感觉到肚皮蠕动了一下，然后就赶紧上网查资料。当我看到胎动的描述时，心里不禁乐开了花儿：这不和我现在的感受一样嘛！当时我兴奋地到处打了一通电话，挨个报喜。

接着，按照产检医生的提醒，我每天早、中、晚各测一次胎动，采取左侧卧位。正常的胎动应该是一小时不少于3~5次，12个小时大概30~40次，一般很有规律，变化也不大。太频繁或是一小时低于3次，都应及时咨询医生。

有了第一次胎动后，我没事就盯着肚皮看一会，老想着宝贝到底什么时候动。胎动的感觉原来这么奇妙！

辣妈养女经

我一般数胎动时，习惯平躺着，一边抚摸肚皮，一边观察胎动。宝宝的第一次胎动一般比较轻，甚至都感觉不到。只有静静观察才会看到肚皮的蠕动，也才能感受到。随着孕周的增加，我才逐渐感受到胎宝宝"拳打脚踢"的功夫是多么厉害。

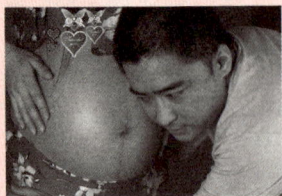

▲ 在孕期，我经常给宝宝放胎教音乐，一听到熟悉的音乐，宝宝在肚子里也会跟着跳舞。瞧！萌爸也听听胎宝宝在肚里的动静！

7
孕事（四）：宝宝在肚子里"手舞足蹈"

✳ ✳ ✳

妈妈级别的朋友们说，孩子调不调皮，在肚子里的时候就能看出来。调皮的宝宝在肚子里就是个淘气包，时常踢妈妈一脚。我肚里的宝宝就天生的淘气，有时我正忙着，她的胎动就开始了。这时我就放下手头的事情，和宝宝一起做游戏。

我和胎宝宝做游戏的时候，她总是"手舞足蹈"的。我常常看到肚皮上有一个大包，她在左侧动，我会轻拍右侧；她转到右侧动，我就轻拍左侧。

小宝宝很配合，总是在我拍过肚皮的地方迎合我，鼓起一个大大的包。我一摸鼓起的地方，还挺硬的，有时，我甚至还能清晰地看到小家伙的小脚丫！

有一次，我打开VCD，放起了每天必听的胎教音乐。胎宝宝一听到熟悉的胎教音乐，就在肚子里随着音乐跳起了舞，左边踹一下，右边踢一脚，好像十分欢快。她这么折腾着，我站都快站不住了，只好坐下来，静静地观察着她的"舞蹈"。

后来，我忍不住拉老公一起看，老公被这情景给惊呆了，他贴着我的肚皮，装着很可爱地对宝贝说："宝贝，你可悠着点啊！别把妈妈的肚皮给踹破喽，那样你就光屁股了啊。"看着老公孩子般的样子，我心里如同吃了蜜糖一般。

此后，我和老公没事时就会一起傻傻地盯着肚皮，观看宝贝在肚子里的动作。

辣妈养女经

到了孕中期，我经常和肚子里的宝宝做互动游戏。我通常仰面靠着枕头，放松腹部，然后和宝宝进行互动游戏。有了这样的一些锻炼，宝宝出生后，通常会拥有更加健康的体魄和聪明的头脑。

8

孕事（五）：孕后期，我彻底成了"饭桶"

* * *

从孕 4 月开始，我的食量明显大增，水果核桃成了每天的必备之品，没事就拿出来吃点，每餐最少两碗米饭。有一天，姐姐蒸包子，我一口气吃了 5 个大包子，竟还是觉得饿，姐姐担心我消化不了，叫我别吃多了，我才放下了筷子。

那一段时间，我特能吃，成了家人眼中最有食欲的"大饭桶"。本来我一直偏瘦，而在孕期，我居然胖了 50 多斤。自此，"小妖精"彻底变成了"大腹婆"。我每次陪老公出去吃饭，好多朋友第一眼总是认不出我，看来我怀孕后的变化实在太大了。

没结婚时，我最注重的就是身材，为了减肥，我甚至会节食，经常饿得头晕眼花。因为职业的原因，我对身材相当重视，不敢多吃，也不吃会让人长胖的食物。但自从怀上了宝宝，我不怕当一个"饭桶"，我豁出去了，什么有营养吃什么，一吃吃了 10 个月，硬是把 110 斤的苗条身材吃成了个 160 斤的"胖子"，体形都吃成圆的了。而这一切，都是为了孩子。

或许是我的食量太大了，去产检时，医生告诉我："宝宝随你，是个大个子，而且是个很好动的宝宝。"我一听这话，高兴极了，心想，不管我吃多胖都值了。

医生还一再嘱咐说："一定要多活动，食量也该控制一些了，不然宝宝容易长成巨大儿，到时候就不容易生了。"我"嗯嗯"地答应着，可到了吃东西时，还是控制不住自己的那张嘴。

▲ 在孕期，我特能吃，成了家人眼中最有食欲的"大饭桶"，硬是吃胖了 50 多斤，"小妖精"变成了"大腹婆"！

辣妈养女经

我一直认为，孕期吃得越多越好。但医生建议，孕期并非吃得越多越好，要避免产生巨大儿，影响顺产。孕期营养搭配均衡就可以了。要多吃水果、蔬菜、坚果、鱼类，以及谷物和富含钙质的食品。

9
孕事（六）：担心老公出轨

*　*　*

怀孕期的妈妈，内心是极其敏感的。

自从怀孕后，我担心的事情太多了。我会担心胎宝宝营养好不好，担心宝宝会不会是畸形，担心自己能不能顺利生产。总之，可担心的事情太多了。

我最不能容忍的是：每天都莫名其妙地担心老公会出轨。

那段时间，我肚子一天天大起来了。老公每次出去也不方便带上我。一到晚上，我就盼着老公赶紧回来。一旦老公打电话告诉我有应酬不回来吃饭时，我准会像发疯一样，不知如何是好。他吃一顿饭的工夫，我会打很多电话，问这问那的。

有一天晚上10点多了，我看老公还没有回来，竟穿着拖鞋，头发也没梳，直接打车去了他告诉我的饭店门口。老公接到我的电话，匆忙跑了出来，一看我这形象，吓了一跳，急忙问我："你这是怎么了？干吗大晚上的跑出来？我不是告诉你马上就回去了吗？"

我气急败坏地说："都10点了，我知道你和谁在一起啊？说好几分钟就回来了，这都几分钟过去了，你不还在饭店呢吗？"老公看出了我的怀疑，有点不开心地说："走，走，你进去看看不就知道我和谁在一起了吗？干吗呢？天天像防贼一样防着我呢？"我们说着话，和老公一起吃饭的朋友出来了，一看我这阵势，大家都吓了一跳，赶紧劝老公带我回家，别伤着了身体才是。看到他们当中没有女性，我才长长地松了一口气。

现在回头去想，我当时真的有点不可理喻。

10

孕事（七）：偷偷监视老公

* * *

怀孕后，我做的糊涂事太多了。

那段时间，每次老公回来后，我都按捺不住想马上看他的手机，看他这一天到底和谁通了电话，和谁发了信息。每当夜里，只要老公一睡着，我就像做贼一样偷偷起来了，蹑手蹑脚，拿着他的手机查起来。我发现，在翻看他的手机时，自己的心跳居然那么强烈。

功夫不负有心人，还真让我看到一条"有价值"的信息：短信显示，老公这个号给另外一个号充值了。当时，我突然像是被别人灌了兴奋剂一样，心跳加速，都大半夜了，直接就把电话拨了过去。电话那头，果真是个女的接的，我马上就急眼了。

那一晚，我俩半夜没睡，光是争吵了。老公对我的恶劣行为实在想不通，大声谴责我说："我在你身上怎么一点也看不到要当妈妈的影子呢。我看到的是一个泼妇，一个每天都处处怀疑别人是小偷的警察。我是你老公，不是你的犯人！"老公的话并没有让我清醒。反正我就是认为他出轨了，哭了一夜，眼睛也肿了，天亮时我才稍稍睡了一会。

第二天早晨，老公的朋友打来电话问他："怎么你媳妇半夜打电话骂我媳妇啊？"直到这时，我才知道：原来是别人用老公的手机给自己老婆充值了，所以手机上才会出现了这样一条信息。而我老公是一个"粗线条"的人，不明白这样的事情也会刺激到我。

现在回头想想，老公娶了我这样一个"警察"，还真难为他了。

▲ 怀孕后，我还是少女般的心事。每当夜里，只要老公一睡着，我就像做贼一样偷偷起来了，蹑手蹑脚，拿着他的手机查起来。

辣妈养女经

孕期的准妈妈对事物太敏感了，这时一定要注意调节好自己的心情，不要每天都胡思乱想的，还是多给老公一些信任吧！

13

11

预产期：总是假性宫缩，超了9天还没生

✳ ✳ ✳

预产期到了，我既紧张又期待，但一等再等，还是没有动静。结果到最后临产，居然一共超了9天。在此期间，我曾多次去医院。

预产期那天，假性宫缩，我以为要生了，便去了医院。但检查后的结论是，没有任何要生产的征兆，继续回家去等。

随后几天，又有几次宫缩，我也不敢再和家里人说了。一想到宝贝迟迟不出来，我就变得极为焦躁。后来，我对妈妈和老公说："预产期过去了这么长时间，还是没有动静。要是再没动静，我就去做剖腹产了。"

妈妈说："再耐心等等吧。预产期超过几天是很正常的。实在不行我们就去做剖腹产。"就这样，我在焦躁中等了又等，依旧没什么动静。

晚上，我无奈地理了理待产包。到了睡觉的时间，我也无心睡觉，只是一心盼着肚子快点疼起来。可是我越是盼，肚子却越是没有动静。肚子里的宝宝可不懂妈妈的心，还在拳打脚踢地运动着，这让我的心越来越急了。

我抚摸着肚子，不停地问："宝宝，你究竟要让妈妈等到什么时候才可以出来和我见面啊？"就这样，我在期盼中度过了一夜又一夜。

这也让我明白了，当妈妈还真不是那么容易的啊！

辣妈养女经

临近预产期，我一直都伴有假性宫缩出现，并且很频繁，有一种不舒服的感觉。有几次我都误以为要临产了。事实上，假性宫缩与临产时真宫缩的区别是：没有规则，痛感也不强烈！其实，提前两周或推后两周分娩，都属于正常分娩。

12

临产（一）：宫缩越来越有规律，原来是要生了

* * *

到超过预产期 9 天的时候，我的肚子疼了一下。我以为又是假性宫缩，也不敢和老妈说。

后来，宫缩疼得有些规律了，也越来越密。老妈看到我异样的表情，问我："应该是快生了，赶紧准备待产包。"

我还有些担心："不可能吧，疼是有些疼，不会又是假性宫缩吧！"但老妈认为疼成这样就是快生了，然后老妈就赶紧把准备好的待产包拿了出来，又把睡觉的老公喊醒。当时我心里想，可别又是假性宫缩。

随后，宫缩变得越来越有规律，我才开始相信，看来这回是真的要生了。我不敢再大意，大家一阵忙活，下了楼。

坐上车后，我发现阵痛变得越来越厉害了，也越来越有节奏了，大概每 10 分钟左右就会疼上一次。

到了医院，医生给做检查时，阵痛的间隔时间更短了。大概 5 分钟左右就会疼一次，不疼时我会尽量放松心情，以缓解疼痛带来的不适。

接下来做心电图时，阵痛变得越来越频繁了。我已经疼到站不起来了，姐姐搀扶着我下了床，因为门诊和病房不在一个楼，姐姐和老公又把我搀扶到了产房门口。

我疼得不能和身边的人交流了，但尽管我疼成这样，医生还是让我等着，她说："有了便意的时候，才是要生产的时候。"

辣妈养女经

宝宝即将出生的时候，阵痛会越来越密，几乎没有间隔，并且真的会有要大便的感觉。

13
临产（二）：顺产进行时，疼痛难忍

✱ ✱ ✱

历时 10 个多小时，我顺利地生下了萌宝。

那天凌晨 5 点钟到医院检查之后，医生说："等着吧！今天能不能生下来都是个问题呢。"我当时本来就疼痛难忍，一听到医生这番话，那感觉就像顿时被泼了一盆凉水，心情烦躁啊！然后，我就开始大声地责怪身边陪产的老公，大意就是：这一切疼痛都是老公带给自己的。

因为暂时还不生产，医生让我去走廊溜达。我忍着剧痛，面色苍白，一直在走廊溜达着。期间，我多次被喊进去检查宫口。

每次检查宫口时，医生的动作也不轻柔，让我疼得几近窒息。

中午 12 点左右，医生又给我做了一番检查，并告诉我："等着吧，早着呢。"

大概到了下午 1 点半，我突然有了小腹使劲下坠的感觉，那种疼痛让我几近疯癫。我忍不住使劲抓自己的头发，狠狠撕扯。甚至好几次都用脑袋狠命撞着墙。陪产的妈妈早就不忍心看下去了，她一边流泪，一边对老公说："你看着她，别让她撞了，我出去透透气。"

我忍着剧痛告诉老公："快点打电话给大夫，我要死了，我真的活不下去了。"老公打了电话，医生很快就来了，马上带我到了产房，进行第 N 次的检查。

医生检查完毕，说终于有了要生的迹象，这才开始生产。

14
临产（三）：10个小时痛不欲生
* * *

2008年6月9日，下午2点多，我再次被医生带进产房检查。

医生告诉我："宫口已经完全开了，随时做好生产的准备！"

就这样，我被"绑"上了产床，胎心仪、氧气通通插上了，我还忍着疼痛吃了两大块巧克力。之后，医生和助产士一遍又一遍地嘱咐我："要像平时拉大便一样用力。"我配合地几乎耗尽了所有的力气。

医生不停地给我喝水，我大口大口地喝，尽管我用尽了全部力量，医生还是说："差得远呢，用的劲儿不对。"我对医生说："要不给我剖了吧！我实在受不了了。"医生坚决地说："已经到了这份上了，还剖？那就白受罪了。"我又开始配合医生用力。

后来医生说："还是不行！需要侧切，孩子太大了。如果长时间不出来孩子会缺氧的。"我当时什么都答应，侧切时一点感觉也没有。侧切后，宝贝很快生了出来，医生告诉我："宝宝出来了，是个8斤2两的胖丫头。"我如释重负地松了一口气。

经过10个小时的阵痛，我的女儿终于顺利生出来了。尽管我很虚弱，但还是忍着疼痛问医生："孩子怎么不哭啊？"医生说："清痰呢。"话刚一落地，宝贝就强有力地哭了起来，当我看到在肚子里孕育了10个月的粉嘟嘟的小婴儿时，我幸福地掉泪了。

对我而言，女儿萌宝出生是我人生中最幸福的时刻。

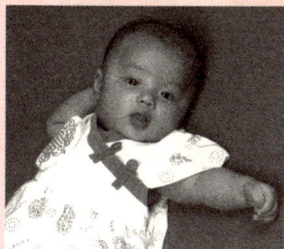

▲ 经过10个小时的阵痛，我8斤2两的胖丫头终于生出来了。

🌹 **辣妈养女经**

分娩前要听从医生的嘱咐，做好顺产的准备，比如吃巧克力、喝水等，这些都是为了在生产时保存体力。如果真生不下来，就只能侧切或剖腹产了。

15

产房尴尬，分娩到一半嚷嚷着要剖腹产

* * *

第一次生宝宝，我才明白做一个妈妈是多么的艰难。除了十月怀胎，妈妈生产时还必须面对一些尴尬的事：

尴尬一：生到一半的时候，疼到无法忍受，要求医生给我剖腹产

确切地说，我还是比较坚强的。分娩时有好几次疼到死的心都有了，但是一直没有大喊大叫。这点在孕期一直为我做胎检的医生也表扬了我。

只不过到了孩子快要生出来的时候，我疼到无法忍受，居然拼命挣扎着不要顺产了，一遍一遍地哀求大夫"给我剖了吧"！

医生告诉我："最难忍的时候已经忍过来了，干吗非要在关键时刻前功尽弃啊？"

没办法，我只好一把鼻涕一把眼泪地继续配合了。现在回想起那一刻，自己肯定是糗到家了。

尴尬二：临产剧痛来袭，哼哼呀呀，被医生视作高龄产妇

因为分娩时的剧痛带给我的不适，我忍不住"哼哼呀呀"喊了几声，结果被一名老大夫大声呵斥："早些年你干吗去了？等到现在这个年龄来生孩子？年纪这么大了，还能有点出息吗？女人都是要生孩子的！这里是医院，可不是你撒娇的地方。"天呐！难道我25岁生孩子就成高龄产妇了吗？那时，我已无力反抗，索性任由她说去吧！

尴尬三：孩子快出来时，差点大小便失禁

之前医生一直都告诉我。有了要大便的感觉就是孩子要出来的时候了。而且生孩子的时候用的力气就像是要拉大便一样的用力。甚至还说，其实生孩子就是你大便干燥的感觉。

记得孩子快出生的时候，我突然有了一阵便意，但是碍于面子，我一直忍着。我问医生："万一我不小心便出来怎么办啊？"医生说："没事。这里有预备好的口袋接着呢，你就用力吧。就是要便出来的感觉。"当时虽然疼痛占据了所有，但是面对这种情况自己忍不住还是觉得尴尬。

生孩子，人家都说这是女人一生中最疯狂的时候，叫得最凄惨，说话最刻薄，无论什么话都可以脱口而出，这点我是深有体会。等到宝贝出生之后，回想自己当时辱骂老公，以及陪产的亲人时，真是羞愧万分。不过，我相信每个生娃的女人都要经历这么一天的。虽然疼痛，但当你看到宝贝那粉嫩的小模样时，那些疼痛就都不算什么了。

▲ 记得我第一次抱起闺女喂奶时，下身还撕扯着疼，整个人都疼得晕晕的。

辣妈养女经

我刚怀孕时，一直做好了顺产的准备，只是不知道，当我疼得分不清东南西北的时候，居然产生了剖腹产的想法。

16
分娩后，我这辈子都不想再生娃了

* * *

坐月子时，我心想，这一辈子我再也不生孩子了。

闺女没出生时，老妈总在我耳边提醒：坐月子期间，一个月不能洗头发，如果月子里受风了，就会得一辈子的月子病，治都治不了。此外，不能看电视，更不能上网，如果月子坐的时间太长，会得颈椎病。每次听到老妈这样说，我心里都怕怕的。

萌宝是夏季出生的，天气很热，我每次想到一个月都不能洗澡，就特别不能接受。但之后的事实告诉我，月子后遗症基本上毁了我的再次生孩子的梦想。

刚出月子的那段时间，老妈总问我："还敢生孩子了吗？"

我答："打死我都不生了。"我体验过了那种被针扎一样的疼痛，以及被护士呼来喝去的尴尬，这都无时无刻不在提醒我：这辈子，我打死都不想再生娃了！

老妈笑我："等时间长了，疼痛忘记得差不多的时候，你就不会这样说了。"确实如老妈所说，疼痛过去后，我还是忍不住想要再生个妹妹给萌宝。

坐好月子，关系一生幸福。新妈妈不论从心里或生理上，坐好月子都是关键。

在此，我给即将坐月子的产妇提几点小建议：1.坐月子应避免身体直接吹到空调的风。 2.产妇在生产时消耗了大量的体力和精力，在月子里要保证充足的睡眠，好好休息。3.要避免长时间坐着看电视或上网，以防颈椎病和腰疼，这点我是深有体会。

辣妈养女经

坐月子期间除了要注意一些细节外，新妈妈还要注意调节自己的心态，这点也很重要。

17

产后抑郁症：要相信，一切都会过去

＊　＊　＊

萌宝出生后，可怕的"产后抑郁"迅速缠上了我……

当妈妈后，我的脑子里每天都在想：我睡觉时，会不会有人把女儿抱走？女儿洗澡时，会不会被她们抱错？……总之，当时脑子里被各种问号充斥着，恨不得一天把女儿抱在怀里才踏实。住院那几天，我晚上睡不上几个小时，都没法好好睡觉和休息。

后来，萌宝出生1个礼拜左右，肚脐开始脱落了，我每天担心，肚脐脱落会不会有感染？新生儿吐奶打嗝，很平常的事，我一面对，竟手足无措。女儿每一次吐奶，都把我惊吓个半死，每天喂奶时也都小心翼翼的。

那段时间，我每天精神极度紧张，心情特不好。家里人说的话，做的事，稍微有一点不合我心，我都会以泪洗面。即便全家人都让着我，顺着我，我还是会忍不住趁孩子睡觉时跑到小屋或是卫生间痛哭一场。也没有什么原因，没有理由，就是情绪失落得要命。

坐月子也上不了网，我就在本子上写日记，每天写着写着就哭了。

女儿出生50天左右，老妈家里有事回了家。老妈一走，我一个人照顾萌宝，手忙脚乱的，一遍遍翻看书中"产后抑郁"的话题，也一遍遍问自己："我什么时候才能恢复到以前那个我啊？这样的日子我真的快要坚持不下去了！"书中说，产后抑郁严重者，有伤害人的威胁。为此，我又担心我会不会哪天严重了，伤害女儿了。

当时我住6楼，楼层高，我充满了恐惧感，担心自己突然疯了，伤害了女儿。每当这时，我都会紧紧地搂住宝贝，告诉自己："为了女儿，心里再难受也要挺过去。"

产后的日子，并不是我想象的那么美好，经历了可怕的抑郁症，我好难受啊。我每天怀抱软软的小婴儿，心里有太多的担心，怕自己没有能力把宝贝照顾好，怕自己不注意伤害到了宝宝。有时候，我半夜还会突然醒来，摸摸宝贝的鼻子，看是否有呼吸。

在姐妹们眼里，我一直是那种大大咧咧、没事喜欢穷乐呵的人。但就像我这样一个看似乐观的人，也"产后抑郁"了。

当时，我恶劣的心情还带来了生理上的不适，先是食欲不好，接着是严重的脱发。每次一边洗头发，一边数着脱落的头发，我的心情都灰暗到了极点。

一次，我从卫生间跑出来，问老妈："妈，你生完我以后掉头发吗？"老妈无奈地告诉我："没辙！产后脱发是自然现象，当初我也是这样，更何况你现在还是哺乳期，先挺挺吧！不行就去医院看看！"

我总为产后抑郁和脱发而烦恼，后来忍不住去医院咨询。经过对我的一番详细询问，医生轻声慢语的告诉我："产后抑郁和产后脱发都是正常现象。你要学着调节自己的心情。"

听了医生的嘱咐，我感觉心情好了许多。

回家以后，我尽力调节自己的心情，食欲也好了不少。过了一段时间，头发也明显脱得没以前那么厉害了。

辣妈养女经

当我从一个女生的身份变为妈妈后，身心变化太大，我真是一时难以适应。经过一些天的调整，我慢慢明白了，新妈妈要保持心情舒畅，平和地看待一切。新妈妈产后脱发是很正常的，每个妈妈都会经历这样一段非常时期，不要过于担心，一切都会慢慢好起来的。

18
新妈妈预防产后抑郁的几点建议
* * *

2008年，我生女儿的前一个月，我国发生了"5·12"汶川大地震。

那段时间，我经常看汶川地震的新闻画面。我本来就是一个很情绪化的人，每天看着那些让人心碎的画面，我很心痛，天天泪流满面，哭得眼睛都红肿了。

当时，我并没有意识到自己的心情会对分娩和将来的坐月子产生什么样的影响。

所以在孕期，准妈妈们要尽量避免看到一些悲伤的事。在坐月子的时候，新妈妈们也要尽量保持平和的心态。

▲ 为了孩子的健康，新妈妈产后要尽量保持平和的心态。

家人也要帮助产妇保持心态平和

分娩前，准妈妈要做好生理和心理准备，学习一些常见的妊娠和分娩知识。

同时，家人也要多提供一些帮助，以减轻孕产妇的心理压力。

保持心情舒畅

生完宝宝，新妈妈要保持心情舒畅，有意识地调节自己的心情，切不可任由自己忧郁、愁闷下去。同时，家人也要营造出一个温馨和睦的家庭氛围。

老公的体贴和关爱

老公的体贴和关爱对产妇预防产后抑郁极其重要。说实话，我产后就特别看重老公说的每一句话。所以，在帮忙照顾孩子的同时，当老公的也要注意多关心和照顾产妇。

学会调节自己的情绪

产后，我每天都会产生一些坏情绪。

那时，我经常在日记里宣泄自己的痛苦，还不想和任何人说话。但一看到可爱的宝贝，我的心就软了：宝贝这么小，假如没有妈妈怎么办？想到这里，我就努力安慰自己，为自己找好好活下去的理由：有了女儿我会更开心，我要有个当妈妈的样子。

遇到不痛快的事情，心里难受了，我就问自己："女儿怎么办？老爸老妈怎么办？"每当这时，我就会突然安静下来。

多想女儿，少想自己

产后的那段日子，女儿睡觉的时间比较多。每当她睡觉后，我就跟自己说，产后情绪波动是很正常的，不必忧心。随后，只要想到女儿，我就乐观起来了。

所以说，新妈妈产后情绪波动很正常，只要懂得自我调适就好了。

在产后的那段日子里，我总是担心很多，但后来发现，这些担心都是没有必要的。

后来，经过一段时间的调整，我才重新找回乐观的自己。

辣妈养女经

其实，产妇的自我调适很重要。在产后，新妈妈要控制好自己的情绪，多与家人聊天，少独处，多看一些令人开心、快乐的东西。另外，新妈妈还要注意放松心情，每天多一些微笑。

19
初为人母，母爱"泛滥"

❋　❋　❋

自从生下萌宝后，我一个小女生也当妈妈了。

初为人母，望着在襁褓中柔软的小婴儿，那么粉嘟嘟的一团，我忘记了伤口的疼痛。只想这么安静地盯着女儿的每一个动作。那时，我第一次深刻体会到，一个女人做妈妈的感觉居然是这般复杂。直到此时，我也才真正体会到"含在嘴里怕化了，捧在手心怕摔了"是如何一种感觉了！

在兴奋得彻夜难眠的同时，我时而也有些怀疑："难道自己真的已经做妈妈了吗？"时不时地，我爱抱起这个日思夜想的"小不点"端详半天，同时也充满了担心："我有能力把这个出生时只有52厘米的小婴儿养大吗？"

我第一次抱起女儿柔软的小身体时，居然眼泪"泛滥"。看着女儿睡得香甜的样子，甚至问自己："这个可爱的小家伙真是自己的女儿吗？她就是将来一直喊自己妈妈的宝贝吗？"我亲了又亲，不顾身体的虚弱，只想就这么看着女儿睡觉。想我这么一个曾经大大咧咧的小女生，在当了妈妈之后，居然这般细腻，可谓是母爱"泛滥"啊！

此后，我每天一睁开眼睛，第一件事就是看着旁边躺着的小家伙，总是忍不住想要把她抱在怀里。每次妈妈看到我这个动作，总是习惯性地制止我。她告诉我，在月子里不能受累，不然容易落下月子病。尽管这样，我还是免不了在妈妈不在身边的时候，抱起闺女就那么看着她。初为人母的喜悦，早就让我忘记了身体上的疲惫。

辣妈养女经

初为人母的兴奋让我不顾身体虚弱，一心扑在了孩子身上。在家人的照顾下，我也逐渐适应了新的角色。坐月子的首要任务就是吃好、睡好，其他的就交给家人去做吧！

▲ "妈妈，你像我这样天天爬来爬去不就减肥了？"

20
产后减肥

* * *

初为人母，我也有幸福的烦恼。

在孕期，为了能生个健康的宝宝，我饭量大得惊人，体重也急剧飙升。那时，我怀着宝宝，挺着大肚子出去，很多人都说快要认不出我来了。到分娩时，我的体重已达到160斤了。

当然，为了生宝宝，这一切都是值得的。宝宝刚出生那会儿，那脸蛋圆圆的，胳膊壮壮的，腿更是粗得跟大象有得一拼。哈哈！说得有点夸张了。不过，看着胖乎乎的小婴儿，那成就感也是无与伦比的。

当时连我二姐都笑我："就你这体重，将来能恢复到我这程度就不错了。"我二姐当时体重近140斤。听了二姐的话，我居然也没有反应，心想："爱咋地咋地吧！"当时，所有的人都认为我生完孩子以后就和窈窕淑女说拜拜了。

我产后第一次量体重是在满月的时候。当时，我的体重一下子就到了130斤。当时我想，虽然到了130斤，可没准哪天我又胖起来了呢。后来，好多熟悉的人都表示，我产后看着还是那么胖。后来为了减肥，我开始控制饮食，不敢狠吃了。为了照顾宝宝，我也不贪睡了，腿脚也勤快起来了。

我认为，产后减肥首先要有个好心态，就是心情要好。其次，还要少吃多餐，不要一次吃得太饱，也不要强制性节食。再次就是要坚持母乳喂养，多带孩子。最后，新妈妈们还要注意多运动，累了也会瘦掉好些肉。

辣妈养女经

为了孩子，孕产妇在孕期和产后都要注意饮食。同时，为了宝宝的健康，新妈妈们也最好坚持母乳喂养。在此我要说的是，新妈妈在哺乳期也可以开始瘦身计划，并且只需适当控制饮食、增加运动量就可以了。

第二章

0~1岁：初为人母，我像个妈妈了

　　作为新手妈妈，新的角色让我变得有点慌乱，女儿稍微有点风吹草动，我都会变得无所适从，彻夜难眠，还常常哭鼻子。就连喂奶的时候，都成了一件考验自己的事情。每次都是小心翼翼地抱起闺女喂奶。可以说，在女儿1岁之前，我几乎每天都是在担心中度过的。

1

不守规矩的月子生活

✱ ✱ ✱

早在女儿没出生时，妈妈就给我定下了一大堆的规矩：月子里一个月不能看电视，看书，更不能上网，不能外出，也不能洗头发，当然更不能洗澡。我坐月子的时候是 6 月份。天气正好是开始热的时候，这对于一向爱美的我来说，一个月不吃饭可以，可一个月不洗头发，不洗澡，我真的有点受不了。于是，我做了一个"不守规矩"的产妇。

月子里，女儿每天大部分时间都在睡觉。她一睡觉，我可愁坏了，看着眼前的电脑，我恨不得立马坐在那里，痛痛快快地浏览一会新闻，玩玩游戏，打发一下时间。可是有老妈监督着我，我只好憋着。

有一次妈妈去买菜，我忍不住打开了电视，偷偷看了起来。不知道过了多长时间，妈妈从外面回来了，她看到我在看电视，忍不住数落了我几句："月子里要多注意休息，不要总是看电视上网，当心坏了眼睛。"妈妈说着话，就把电视关了。没办法，我只好上床装睡。

后来，坐月子到第 15 天时，我发现头发油腻腻的该洗了，趁着妈妈不在家，我又一次痛痛快快地洗了个头发。之后，我每隔 2 天就会洗一次头发，把月子里不能洗头发的规矩早就抛在脑后了。

临近快坐完月子的那几天，我更是彻底"放任"了自己。每天趁闺女睡觉时，我就打开电脑上网。老妈刚开始还提醒我，可时间一长，看到我顽固不化，也不管我了。

辣妈养女经

事实上，我过分地"放任"自己也给自己带来了好多麻烦。出了月子以后，有很长一段时间，我都会感觉颈椎钻心地疼。又由于长时间看电视上网，我的眼睛也出现了传说中的"飞蚊症"。所以说，坐月子还是多注意点的好。

2
喂奶：女儿呛奶我崩溃，吐奶我发懵
* * *

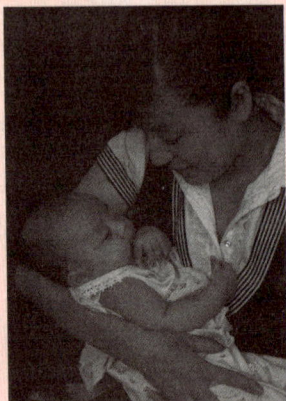

▲ 月子里，女儿每天大部分时间都在睡觉。

我一直坚持给女儿母乳喂养，虽然少去了冲奶粉的麻烦，但是每天晚上 3 次吃奶的次数，也几乎让我一夜不能入睡。

我担心女儿吃奶时被自己压到，所以每次都坐起来喂奶。更让我纠结的是，可能是由于奶水过于充足，每次闺女吃几口就呛奶了。

每当看见闺女因为呛奶脸憋得黑青，我的心都崩溃了。此时，老妈总会上前帮忙拍我闺女的背部，还提闺女的胳肢窝。直到听到闺女"哇"的一声哭了，我才会瘫软地坐倒在床上。可小家伙哪儿懂得妈妈的心，我一抱起她，她就又抱住我的乳房大口大口地吃起来。

闺女吃饱后，我习惯性地把她放在床上，小家伙没一会就吐奶了。后来我打电话求助过来人，人家告诉我，每次吃完奶，就要把宝宝竖着抱起来，用空心拳拍拍宝宝的背，直到她打嗝为止。此后，我按照人家说的试了试，果然有效果。

又过了一段时间，小家伙呛奶和吐奶的次数总算少了很多。只是喂奶的时候，我还是会莫名其妙地担心，甚至当宝宝饿得"哇哇"直哭时，我都不敢再抱起闺女喂奶了。我深怕看到女儿呛奶，特别是她痛苦的表情。

后来，我发现自己的哺乳姿势也不对，正确的哺乳姿势应该是这样的：把宝宝放在腿上，用手腕托着她的后背，让宝宝头枕着妈妈的胳膊内侧，然后用手托起乳房，待宝宝张开嘴时，把乳头和部分乳晕送入宝宝嘴中。

原来，哺乳姿势不对也会导致宝宝容易呛奶。

辣妈养女经

为防止新生儿呛奶，新妈妈在喂奶后，要将宝宝竖着抱起来，轻拍几下，以使宝宝吃奶时吞咽的空气从口中排出来，从而减轻宝宝吐奶。

3
母乳喂养看书刊，添加辅食

❋ ❋ ❋

在孕末期的时候，我就经常到书店、书亭转一转，看一些育儿方面的图书和杂志。只要有"孕妇""宝宝""母婴"等相关的文字和图片，我都爱翻一翻。通过看专业的书刊，我了解了一些产后如何护理宝宝的知识。

但萌宝出生后，我还是感觉力不从心。在那段时间，我整个人都提不起精神。后来，通过阅读育儿图书我才知道，大部分妈咪在产后都会出现抑郁情绪，这是正常现象！

在书刊中我了解到，新妈妈在妊娠、分娩的过程中，体内分泌环境会发生很大变化。尤其是在产后 24 小时内，怀孕期间的雌激素和孕激素水平逐渐增高到峰值，要等到分娩后的 3~5 天内，才会逐渐降到基础水平。而孕激素的大幅度下降，让产妇很容易产生抑郁情绪。

在当妈妈后，书刊成了我的"良师益友"。

一开始的时候，宝宝一吃奶就会呛奶。每次看到宝贝被呛到脸色发青，我就吓得魂飞魄散。后来我才知道，所有刚出生的宝宝都会呛奶，宝贝吃奶一定要有正确的哺乳姿势。

另外，通过阅读我发现，在宝宝吃奶时，新妈妈还可以将四个手指放在乳头下方，拇指在上方，形成英文字母"C"的形状，轻轻握住乳房，并保持手指的位置不变，这样奶水流出的时候就不会那么急了，从而避免宝宝因奶流太快而被呛到。

为防止宝宝吐奶，在宝贝吃完奶后，新妈妈还要给宝宝拍嗝。就是用空心拳在宝贝背上轻轻拍打。后来我一直都按这个姿势喂奶，宝贝呛奶的次数果然减少了很多，我也轻松了不少。

可见，新妈妈多阅读一些育儿书刊，还是很有必要的。

按照育儿常识，按需哺乳是保证母乳产量的关键，新妈妈应该让小宝宝尽早开始吸吮。至少每隔4个小时，初生婴儿就需哺乳一次，每次至少10分钟。如果宝宝有需求时，还要做到随时按需哺乳。母乳妈妈哺乳时，要及时领会宝宝发出的各种暗示。

那么，如何判断宝宝是否吃饱了呢？

如果宝宝在喂奶后能够安静地睡觉，这就说明新妈妈的母乳是充足的；如果宝宝在吃母乳后还哭闹不止，这就表明奶水不足，应该及时添加奶粉了。

在宝宝出生15天后，新妈妈还要及时给宝宝添加鱼肝油滴剂。

到宝宝4个月大时，新妈妈就可以给宝宝添加辅食了。

我家萌宝就是在她4个月大时，我才开始给她添加辅食的。在萌宝4个月时，她的睡眠时间仍然很多，我一般都不打扰她。等她醒来时，我才会喂她吃一些辅食，比如鸡蛋黄、水果泥、菜泥之类的，循序渐进地加。因为宝宝添加辅食需要一个过程，所以新妈妈一定不要着急，一点点来，让宝宝慢慢接受。

不管怎样，母乳是宝宝最适合的口粮，准妈妈一定要坚持母乳喂养，最好能喂到宝宝1岁的时候。并且，为了宝宝的健康，新妈妈千万不要因为担心毁掉身材而抗拒母乳喂养。

为了萌宝，我是坚持到萌宝快2岁时才给她断奶的。

辣妈养女经

虽然母乳是宝宝最适合的口粮，但并不是每个妈妈都能够做到母乳喂养。有的妈妈甚至会为了保持身材而提早结束哺乳。在此，我想以自己的亲身经历说一句：其实，辣妈的身材，还是可以回来的！

4
当众哺乳避免尴尬的三大妙招

* * *

新妈妈哺乳是正常的事，但当众哺乳一定要尽量避免尴尬。

在一些大城市里，公共场所设有专门的哺乳室，一些不发达的小城市因建设费用高，使用的人又不多，基本没有哺乳室。

在此，我结合自己和一些过来人的经验，总结了公共场合哺乳避免尴尬的三大妙招。

一、带一把便携式的雨伞

出门之前先把宝宝喂饱，如果外出时间比较长，可以带一把便携式的雨伞，在当众哺乳时可用伞遮挡。不过这种方法需要有人帮忙，如果哺乳妈妈独自带宝宝出行，抱着孩子又要拿雨伞，这种方法就不太可行了。

二、选择适合外出的哺乳内衣

现在市场上有好多适合哺乳妈妈用的哺乳内衣。这些衣服大多都是经过特殊设计的，可以增加喂奶的隐蔽性。刚开始，我对哺乳内衣也不太了解，后来用过才发现，在宝宝饿得嗷嗷只哭时，就只能在公共场合哺乳了。这种哺乳内衣用着还是蛮实用的。

三、随身携带有奶瓶的吸奶器

曾经有一位妈妈就当众哺乳的事情和我探讨了一番。她告诉我：在宝宝哺乳期时，她每次外出都会随身携带一个吸奶器，每次遇到宝宝哭闹，就带着吸奶器找一个厕所把奶挤出来，然后再喂给宝宝。

我说的三大妙招，新妈妈们在公共场合哺乳时，可做参考。

所以说，在公共场合哺乳，新妈妈一定要放平心态，如果能让宝宝在饥饿时及时吃到口粮，还能尽可能免去一些尴尬，又何乐而不为呢？

▲ 为了可爱的小宝贝，新妈妈在公众场所哺乳一定要放平心态。

辣妈养女经

纯棉、宽松、通风吸汗的衣服比较适合新妈妈外出哺乳时穿。并且，外出时还可以加件宽松的外套、披肩、小毯子等，以防喂奶时曝光。

5
女儿两个月就学会翻身了
* * *

▲ 萌宝 2 个月时就会翻身了。瞧！她笑得可爱吧？

萌宝快满月时，令我惆怅的是老妈也该回家了。一想到老妈回家，我总想哭，真不知道她回去后，我该如何面对接下来的生活。从萌宝一出生到现在，一直都是老妈忙里忙外。好在经过一段时间的磨炼，我也总算能勉强对付了。

老话常说："三翻六坐七爬"，萌宝不到 50 天，就有了翻身的迹象。59 天，闺女一直试图要翻身。我眼睛紧紧盯着闺女，心想："不到 2 个月，小丫头就会翻身了？"我认真地看着闺女的动作。小家伙一直很努力地想要翻身，但几次都没有成功。

萌宝学翻身这么辛苦，我真想帮她翻过去。但我还是耐住性子，想看看她能否靠自己翻过去。没想到，萌宝试了好几次没翻过去，还依旧在尝试，当我想帮她翻过去时，闺女一个完美动作就翻过去了。我被小人儿顽强的意志力镇住了，也惊呆了。那一刻是我有生以来看过的最完美的表演。

时间过得真快，转眼间，萌宝都两个月了。幸运的是，萌宝没有继承我的弱智，她聪明得很，很有灵性。宝宝通常 3 个月以上才会翻身，她 59 天就会了，看起来比同月龄的宝宝大很多。我给她拍相片，她也很有镜头感，做着各种动作，连摄影师都夸她，说她比六个月的宝宝还机灵。

萌宝外貌上继承了爸爸的优点，眼睛大大的，越来越漂亮。每天看着这么一个可人儿，我心中常常满怀爱意，这种爱意，也许只有做了母亲才能感觉到吧！

辣妈养女经

萌宝一天天长大，越来越可爱。每天看着她，我就不知该怎么做好了，想把世界上最好的东西全部给她。每次萌宝睡熟了，我呆望着她，总有一种揪心的感觉，深怕她受到哪怕一点点伤害。我无数次祈祷："闺女，你一定要健健康康的，这样妈妈就别无所求了。"

▲ 萌宝一天天长大，会翻身后，
又开始学爬了！

6

萌宝百天后，我找到了当妈的感觉

* * *

萌宝满月后，我常常感觉好累。做了妈妈后，我才知道养孩子的艰辛。

我坐完月子后，老妈就回家了。带孩子带得手忙脚乱时，我哭的心都有了，难以想象接下来的日子怎么过。原以为有了女儿，我也有了前进的目标，却不曾想更加迷茫了：我究竟是胜任不了做母亲的角色，还是每个新妈妈都会有力不从心的感觉？

女儿出生后，我敏感脆弱，还异常神经。坐月子时尤为明显，近乎变态。我住在六楼，站在窗前都不敢往下看，一看害怕得要命，深怕出现了意外。家里的刀子、剪子更不敢用了，似乎每一件东西都成了安全隐患。每当此时，我就在想，自己哪儿来的这么多杂念头！

看着萌宝一天天长大，我只有一步一步地学习着。同时努力调适着自己的情绪，尽量做一个快乐的妈妈。

三个多月后，萌宝又过一百天了，也就是所谓的"百岁"。

有了萌宝，我有了"光阴似箭，日月如梭"的感觉，女儿出世后，我体质的虚弱让我一直消极萎靡，随着女儿一天天长大，我渐渐康复了。最为欣喜的是，萌宝3个月已经有17斤了，身高68.5厘米。看着女儿一天天长大，我找到了当妈的感觉！

三个月的萌宝，体重和身高已经达到5个多月小宝宝的标准了，这是我最骄傲的地方！萌宝"百岁"后，长得更像爸爸了，而我也像一个"妈妈"了。

7
学爬学坐，放手让女儿去尝试
*　*　*

▲ 萌宝5个月就会坐了，这让我很欣喜！

我家萌宝是一个超龄发挥的"超级宝宝"。

自从59天开始翻身后，萌宝没几天又开始一点点的翻爬了。她很好奇，只要看着前面有什么东西，就老想伸手去抓，并且直到抓到为止。每次看着闺女吃力的样子，我都特别想帮助她。但我一直是个"懒惰"的人，每次看宝贝翻爬困难时，我都一直告诉自己：给萌宝一个自由的空间，让她自己去克服种种困难吧！

为了锻炼萌宝的独立能力，每次看到女儿努力做一件事情时，我总习惯"袖手旁观"，"懒"得理她。我总觉得，给孩子一个自由发展的空间，对孩子的成长更有利。

闺女4个半月左右时，能小坐一会了。每当我看到小人儿稳稳当当地坐着，我心里总有一种说不出来的欣喜，感觉日子过得很充实。

更让我惊喜的是，萌宝会爬后不仅身体好，还像个男孩子一样，一举一动都有些"小粗暴"。每一次翻爬时，我总是提心吊胆的，生怕她碰伤了。在保证她安全的前提下，我心里也不断地提醒自己，我不能总帮着萌宝，要让她靠着自己的力量去锻炼。

七个多月后，闺女能站了。当第一次看见她稳稳当当地站着时，我简直不敢相信自己的眼睛。人家都说，七个月的宝宝正是学爬的时候，我的闺女居然能自己站一小会了。这真是让我这个当妈的欣喜！

辣妈养女经

萌宝一直是个超龄发育的宝宝，我又是个喜欢"偷懒"的妈妈。我习惯看着女儿靠自己的能力克服种种困难。1岁之前，属于女儿的每一个第一次都很重要，我每次都尽量让她靠着自己的能力去完成。我要放手让女儿去尝试，给她自由的空间，从小培养她的独立性。

8
女儿第一次生病，我乱了阵脚

* * *

萌宝 9 个月时第一次生病了。

头几天，萌宝一直有感冒的症状，我带她去看了医生，原以为服点药就没事了。结果后来居然又发烧了。萌宝以前发过烧，每次都不用吃药，只需物理降温就能降下来。一开始，我还没怎么着急，哪曾想，这次发烧居然烧到了 39℃。

我急坏了，赶忙抱着萌宝去了医院，一路上担心啊！在路上，宝贝额头还是那么烫，嘴里还"哼唧哼唧"叫着，特别难受的样子。我不停轻唤着宝贝的名字，深怕她睡着了更难受。

到了医院，迅速挂了急诊。医生检查后，一测体温已经 39.4℃了！医生说："孩子发烧的时候不能捂着。捂着温度太高，容易引起高烧惊厥。"我只好解开闺女的衣服，那么敞开着。医生建议道："先打退烧针，回家用温水擦拭全身，然后时刻观察孩子的情况。"

我们抱宝贝回了家，宝贝就睡觉了。我给宝贝一遍又一遍地擦拭身体，只要我一擦拭，她就会哭着醒来，我不忍心折腾萌宝，可也没办法啊！不擦拭，难退烧，就那么擦着，一直擦着，还不断测试体温。先是 38.5℃，过了一会成了 38.3℃，总算逐渐降下来了。大约凌晨两点半，我摸宝贝额头感觉好了很多。到了 3 点左右，萌宝体温已经接近正常了，那红扑扑的小脸蛋也不再红了。

那一夜，直到萌宝退烧后，我紧绷的神经才放松下来！

9

女儿生病，我反思当妈妈的几个失误

* * *

回想萌宝第一次生病，她那又红又烫的小脸蛋、咳嗽得发紫的样子、吐奶的痛苦……我真是手足无措，心疼到了极点。

萌宝第一次住院输液，需要在头上扎针。当时，她害怕得哭红了眼睛，我则欲哭无泪。那时，萌宝每天都需要输液六个小时左右，我都不敢去看她头上的针头，特别是她剃了发的光头。并且，萌宝第一次生病也瘦了好多，让我好心酸！

怀孕时，我希望宝贝有一头乌黑的头发。有人说吃核桃宝宝头发长得好，我就狠劲地吃，结果宝贝头发并没有我想象的好。我还听人说，给宝宝多剃几次头发，宝宝的头发就会好起来，我也忍不住给萌宝剃了一次。结果丫头住院输液，护士为了扎针，给萌宝剃了点头发。我当时想，与其这样，不如全剃了算了，一狠心又给宝贝剃成了光头。

萌宝第一次生病让我明白了一个道理：妈妈再苦再累都不怕，就怕孩子生病！我要争取做一个尽职尽责的妈妈，让宝贝不再因我的疏忽而生病。

可以说，宝贝第一次生病是因为我的疏忽。总结起来，主要包括以下几个方面的失误：

错误一：我认为医生"胡说"

萌宝生病前几天，感冒去看医生，医生说是"食火太大所导致"，开了一堆消化药，大意是治病要治本。我是一个固执的女人，偏偏认为医生胡说，怎么感冒了却要吃治消化的药，就没听医生的话，没给萌宝吃治消化的药。

错误二：萌宝拒绝吃药，我就不喂药了

萌宝的感冒时好时坏，有时不咳嗽也不流鼻涕，我就以为她病好了。结果好了又复发，一次次重复着。萌宝拒绝吃药，我也没用心说服她吃药，结果病情越来越严重。

错误三：萌宝吐奶，我没太在意

萌宝发高烧的前一天夜里，睡觉时突然喷出一股奶，我也没太在意，以为只是轻微的溢奶。后来我睡着了，却不知道她接下来又吐了几次。后来到了白天，萌宝稍微有运动就会吐奶。

错误四：我惊慌失措，觉得谁的话也不可靠

我带萌宝上医院，医生根据我的描述，推断宝贝积食了，吃了不好消化的东西。对于医生的话，我惊慌失措，心里却知道前一天喂了宝贝好多饭，有米饭，也有鸡蛋。但是每次宝贝生病了，我都像精神崩溃了，觉得谁的话也不可靠，不相信任何人说的话。

辣妈养女经

萌宝第一次生病，我反思了自己的失误。女儿一生病，我就完全没了方寸。女儿不想吃药，我也没想办法哄她吃。后来还是老公配合着，才把药喂了进去。现在我明白了，萌宝生病时，我要更加坚强！

10

萌宝病后体检，3个月瘦了2斤

＊　＊　＊

有一天，我带宝贝去打疫苗，顺便做了体检。

萌宝这次打疫苗不太准时。因为那段时间萌宝一直身体不舒服，我就没让她去打疫苗，结果一拖就是一个月。

萌宝每次打疫苗，我总是提心吊胆的，深怕给宝贝带来什么不适。

那天上午，我抱着萌宝到了妇幼保健院。此前，萌宝打针都是萌爸抱着，自从萌宝住了一次医院，我的胆子也大点了，也能抱着宝贝打针了。

萌宝打疫苗时很乖，一针下去居然没哭，就和没事人儿一样。旁边的医生都说："这孩子真乖，居然都不哭！"

萌宝打针没哭，我本该高兴，可还真是高兴不起来，心想可能是萌宝生病打针太多了，所以对打针麻木了。

打完疫苗，我又带萌宝做了体检。先是量体重，这一量让我心里凉了一阵子，才22斤。萌宝七个月体检时就24斤，又长了3个半月，没长也就罢了，居然还少了2斤。

医生告诉我：宝贝要多吃饭，有点缺钙，要补钙。幸好我一直在给萌宝吃有助于补钙的维生素AD胶丸。

接下来，萌宝量身高，约80厘米。这个身高比1岁宝宝的标准还要高些，我的心总算宽慰了些。后来，就萌宝的体重，我问了医生。医生查了一下说："属于中上等。但相对于萌宝以前的体重来说，现在还是轻了些。"

还好，萌宝的体重不算太轻，我的心总算放松了些。

辣妈养女经

萌宝不管是打疫苗，还是体检，我都很紧张。打疫苗我怕萌宝哭闹，体检我又怕查出什么病来。还好，萌宝体验还算合格，不合格的是我这个当娘的。不小心让萌宝生病了，还瘦了。

11
萌宝学走路，磕磕碰碰

* * *

10个月左右，女儿就开始在磕磕碰碰中学走路了！

私下里，我和妈妈们交流育儿心得，特别谈到孩子学走路的事。一位妈妈告诉我，她的宝宝是10个月会走的。而那个时候，我的萌宝只有8个月左右，我很好奇地想："我的宝宝什么时候会走呢？是不是10个月也就会走了呢？"结果，女儿果然在10个月就开始学走路了！我在欣喜的同时，也有点担心。

平时，我常听老人说：孩子学走路，都是在跌跌撞撞中学会的。我虽然心里清楚，但看着女儿一次又一次摔倒，我心里难过极了。

有几次，我看着萌宝沉重地倒在地上，她没哭，我却流出眼泪，特别想上前扶起她，但我最终还是忍住了，心想："还是让闺女靠自己吧！"那些天里，我看着闺女摔倒，爬起，摔倒，再爬起……半个月过去了，小丫头通过努力，终于能稳稳当当地走路了。

小家伙做事一向风风火火，走路也这样，只要一起步，几乎以跑为主。于是，家里的柜子、茶几，一个不注意，她就会碰上去，头上总是这个"包"没消，那个"包"又起。我担心女儿的安全，心疼地想："不能让孩子老是挨碰啊！还是得想办法改善一下！"

为此，我把家里带角的家具归置了一下，换了些没带角的家具。这样一来，小丫头随意了很多，跑得速度太快，刹不住闸的时候，只是会摔倒，头上再也不碰"包"了。

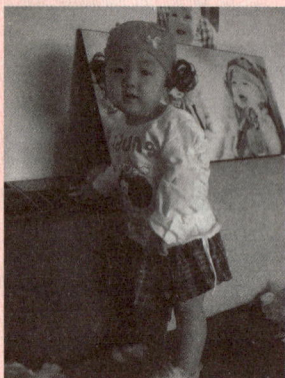

▲ 7个多月时，萌宝就能扶着东西站一会儿了。

辣妈养女经

事实上，每个宝宝学走路的时候都会摔倒，这是正常的。我一直坚信：孩子跌倒了，妈妈不要怕，只要给宝宝创造出安全些的环境就行。宝宝学走路时，家里可以铺上毛毯，注意硬地板、尖角的家具。如果在外面，可以让宝宝在松软的草地或沙地上练习走路，同时要注意石头等容易磕着的东西。

12
在眼皮底下摔跟头

* * *

萌宝稍稍大了一点，又有了一些模仿能力。

不到1岁的萌宝记忆力超级好，我觉得比我都强了。比如：萌宝看见我剪指甲后，她会拿指甲刀剪自己的指甲，还想给我剪指甲了。总之，只要你做过什么她都能记得，她会学你，下次你再做，她也做得有模有样的。

小丫头会模仿，这算是她学习和探索能力的一种表现吧。她人小根本做不好，却总是会表现出一副小大人的样子，很可笑也很可爱。平时，我看到女儿的模仿能力强很高兴，高兴过后也会有烦恼。

萌宝的身体和心理发育算是比较超前的，也因为超前，人也太过于调皮，爱动手摸这儿摸那儿的，还爱摔东西，什么东西都敢摔。

其中，萌宝最让妈妈不放心的是总爱摔跟头，这让我非常懊恼。其实，萌宝会走路了之后，我为了防止她摔跟头，就把家里重新布置了一番。

有一次，她自己把小凳子挪到了很高的梳妆台前，然后攀爬上去了，我把她抱下来，她又爬上去。我再抱下来，她再爬上去，她以为我跟她玩，越来越有兴致。我稍一疏忽，离得比较远了一点，她就在我眼皮底下摔了一个大跟头，顿时哭得稀里哗啦的。我哄了一阵，小家伙大概哭累了，吃了点奶竟然睡着了。

为了防止萌宝摔跟头，我不得不多了个心眼。

辣妈养女经

萌宝像男孩子一样调皮，她爱折腾让我防不胜防。我在萌宝身上看不到一点女孩子的性格。每次她摔跟头，我都特别内疚，也特别心疼。我希望萌宝快点长大，别再摔跟头了。

13
独立成长期，萌宝充满探索欲

*   *   *

▲ 转眼间，女儿都 10 个月了，抱着她我开始感觉到吃力了。

日子过得真快呀！现在，我说什么话，萌宝基本上都能听懂了。但她现在也有了自己的想法，开始变得淘气了。有时候还故意和妈妈对着干，她觉得好玩，却搞得我好多次都想发火。还好，带孩子这么长时间，我也变得越来越有耐性，开始从宝宝的角度考虑事情。其实，这都说明：萌宝长大了！

事件一：不配合照相，让我这个当妈的好没面子

有一天正好没事，我就让朋友帮忙拍些照片。结果却发现，给萌宝拍照真是一件困难的事！在外面，我想抱着她拍几张，但她相当地不给面子，几乎没好好地拍一张。

事情二：上楼梯，不让妈妈抱，喜欢自己上

最近，我只要抱萌宝一进楼梯口，她就非要下来自己走。后来我才知道，前几天我让她自己上台阶，她可能记住了。现在，她大概是想要自己走吧！但我一步一步扶着她上楼梯，比抱着她上楼更累。

事情三：爱捣乱，乱翻东西

我做饭时，小丫头喜欢打开屋里的抽屉，把里面的东西全部丢在地上，再去捡起来，忙得不亦乐乎。为了萌宝的安全，我把抽屉里的刀子、剪子全部藏了起来。

萌宝自从学会了走路，就越来越淘气了，通常不会

安心坐着了。

现在，大人说的话萌宝也几乎能听懂了。比如，萌宝感冒时，我对宝贝说：宝贝，你用力，妈妈帮你擦鼻涕。然后就会听到宝贝用力的呼哧声。我的小家伙，妈妈说的话她几乎能听懂了！

萌宝越来越大，也越来越淘气了，每天都会把家里弄得乱七八糟的。这倒没什么，我最担心的是稍不留神让她受伤。

有一天早晨，萌爸给我倒了一杯白开水，放在了床头柜上。萌宝看见杯子就去抓。我告诉她烫手，她摸了一下，感觉烫手，就把手收了回来，我却没想到把杯子放远点。

后来，萌宝又抓住了杯子的把手，我觉得萌宝真聪明，知道烫手就去抓把手，还叫萌爸来看。

结果，我话刚说完，宝贝就把杯子里的水洒了出来，还吓得伤心地哭了起来。幸好，里面的开水不是太烫，宝贝的手没被烫伤。当时，我后悔死了，心想照顾孩子可不能大意。

在独立成长期，孩子对什么都好奇，也爱动爱摸，但安全始终是第一位的。家长在这时一定要提高警惕，在保护宝宝探索欲的同时，不要忘了保护孩子的安全。

辣妈养女经

萌宝10个月后就越来越爱自己探索了，这说明萌宝的独立成长期来了。不论是学走路、大步走、上下坡、上下楼梯，还是自己玩抽屉等，这都说明宝宝的独立能力更强了，也更爱探索了。妈妈这时要大胆放手让孩子去探索，同时也要注意宝宝的安全。

14
宝贝第三次掉到床下了

* * *

萌宝慢慢地能爬、能坐、能站后，除了爱淘气，老摔跤，晚上睡觉还容易掉到地上了。萌宝一直和我睡一张大床。以前，我总是让萌宝睡在里面，里面是墙。我睡在外面，她怎么折腾也不会掉到地上。

有一天晚上，我无意中跑到挨墙的一面去睡了。当时，我以为宝贝距离床边还有一段距离，怎么也不会掉到地上。结果，半夜睡得迷迷糊糊的，我猛然听到"砰"的一声，顿时惊醒，一下就意识到宝贝掉到床下了。

我吓得翻身而起，宝贝已经哭了。看见萌宝在地上坐着哭叫，我的脑子乱乱的，真不知道怎么又让她掉到床下了。我慌忙抱起宝贝哄着，宝贝吃了几口奶，竟然又睡着了。

回想起来，萌宝已经是第三次掉到床下了。萌宝在3个多月的时候掉过一次，5个月大的时候又掉了一次。随后我就开始特别留意了。结果，这次又让宝贝掉到地上了。

早晨，我仔细看了一下，发现宝贝倒是没怎么摔伤。但她头上有一道划痕，那是宝贝前几天自己抓的伤痕，本来已经快好了，没想到这一摔居然又厉害了。看着那一道红色的划痕，我心疼极了。

孩子睡觉时掉到床下，妈妈肯定是最心疼的。还好萌宝这几次都没有摔伤。所以，平时在宝宝睡觉时，床边也最好不要放危险的东西，比如暖炉之类的，以防宝宝掉下烫伤。

辣妈养女经

在此提醒各位妈妈，等孩子会爬后，最好不要让孩子睡在床边。这样宝宝半夜就不会掉到床下了。

15
萌宝爱打人，让我好抓狂
* * *

萌宝快1岁了，喜欢认识陌生人，只是跟不认识的人在一起时喜欢打闹，尤其是爱打人。

据说，孩子喜欢打人，是想通过这种方式去跟别人交流。通过观察，我发现萌宝确实不是有意要打人，只是想跟别人进行交流，但她这种表达方式也着实让人抓狂。

有一天，我和萌爸出去应酬，带上了萌宝。在出租车上，萌宝一直盯着人家司机师傅看，弄得我都不好意思。关键是，她还不好好坐着，老爱打人。

在车上，司机师傅开着车，萌宝对人家很好奇，不仅直盯着人家看，还不止一次去打司机的胳膊，打完后，还抱以开心地一笑。我担心司机开车不安全，阻止了萌宝好多次。但是我不注意时，她又去打了一下，真让人抓狂，我也只有不断跟人家解释，孩子还小。

在饭店，萌爸和朋友们喝酒，持续了好几个小时。在这段时间里，萌宝看见那么多不认识的人，很开心，不断打闹。我可累惨了，一直抱着她，她还不老实，我的胳膊都快累得抽筋了！当妈的真是不容易啊！

时间过得真快，我嫁给萌爸都两年了，萌宝也不再是襁褓中的小婴儿了。虽然带孩子的小烦恼不断，但看着孩子一天天健康成长，成就感还是很大的。尤其是通过带宝宝的这一年，我的心态也慢慢转变了，从一个小女孩变成了一个可以照顾得了宝宝的妈妈。这在以前都是不可想象的事，生命真是一场奇妙的旅程！

▲ 据我观察，萌宝爱打人是想跟人交流的一种表现，只是还不会恰当表达。

🌹 **辣妈养女经**

一般来说，孩子动手打人或摸别人，都是在试探对方，是孩子跟陌生人交流的一种方式。新妈妈不用过于担心，过了这个阶段就好了。

16
当妈妈后，不再只为自己而活

❋ ❋ ❋

有一天晚上，我生病了，腿没劲儿，站都站不住，好不容易把萌宝哄睡了，我居然吐了！中午吃的东西被我吐得一干二净。可能是我呕吐的声音太大了，把熟睡的萌宝都给惊醒了。萌宝用一种很无辜、很懵懂的表情看着我，我难受得死的心都有了。

我对萌宝说："妈妈现在很难受，不能抱你啊。你先自己坐会！"萌宝似懂非懂地看着我，接着"哇"地一声大哭起来，或许是被我狼狈的样子吓到了。我勉强站起来，试图抱起萌宝，但感觉头晕得厉害。那一刻，真是好难受！

那段时间，我原以为自己不会再瘦下来了，没想到称体重时居然瘦了不少。我不敢相信自己的眼睛，重新称了一下，还是 112 斤，嗯！确实瘦了。我的体重已经和孕前差不多了，尽管自己一直没发现，但真的是一天天瘦下来了，不知道是不是累的。

我强撑着抱着萌宝，终于等到萌爸回来了。萌宝似乎被我吓到了，她也不找爸爸，就一直黏在我身上。我当时又是一阵恶心，没办法，就把萌宝强行交给了萌爸，然后急忙跑到卫生间又吐了起来，萌宝也一直"哇哇"地哭着。这次生病，我的身心很疲惫，当时感觉活下去的勇气都没有了。但一想到萌宝，我就有了活下去的决心。

现在想想，自从有了女儿，我的心思都放在了孩子身上。做了妈妈才知道，只有宝贝健康，妈妈才能快乐起来。自己生病时首先想到的也是孩子，为了孩子也要坚强起来！

辣妈养女经

当上妈妈后，你会发现，在这个世界上，始终有一个小生命跟你保持着血缘关系，她的一举一动都牵动着你的心，你所做的每一件事也都是为她而做。有了宝贝，妈妈不再只为自己而活！

48

17

萌宝走路爱摔跤，我既心疼又恼火

* * *

转眼间，萌宝马上就1岁了。

这时，萌宝走路已经很稳当了，只是走得太快，避免不了摔跤。

最近，因为我的失误导致宝贝摔了好几次跟头，还摔到头部了。

前几天的瘀青还没好，结果旧伤未好新伤又添，瘀青也变得更加明显了。看着宝贝一次又一次因为淘气而摔倒，我心疼，也恼火，心里好难过！

萌宝走路太快，老爱摔倒。其中有几次摔得相当厉害，我都能听到头碰地的声音。

我加倍用心地看着她，但通常她摔倒的速度比我的动作快多了。很多次，我都是眼睁睁地看着她摔倒的，真是一眨眼的工夫。萌宝一摔倒，我心里特难受，都不知道如何来呵护萌宝了。

晚上萌宝睡觉后，我把她放在床上，心里却一遍一遍地想着白天发生的那些事情。每次碰到萌宝因为淘气摔倒，我既生气又心疼，有时发完火，我心里更难过。尤其晚上睡觉的时候，看着萌宝，我就开始自责起来，心里充满了愧疚感。

这时，我都好想跟萌宝说：宝贝，妈妈爱你！但妈妈也有累到不知所措的时候，请原谅妈妈有时候的粗暴。妈妈一定会调节自己的，尽量在你面前展现妈妈最好的一面。

辣妈养女经

就算每天都陪着萌宝，我有时也会觉得亏欠萌宝太多。在各个方面，我都想办法给女儿最好的，也许这是每一个做妈妈的心愿。每个孩子都是被妈妈呵护着长大的，但愿自己以后能做得更好。

18
家有女宝，呵护备至

* * *

▲ 我姐姐家的小宝，经常被萌宝"欺负"。

萌宝快1岁了，真是"几日不见，刮目相看"啊！当初那个襁褓中的小婴儿已经变成"大姑娘"了，越来越懂事，也越来越淘气了。

萌爸看见萌宝淘气，有时会忍不住发脾气，总是大声对她说话。我看不惯的时候，就会跟他吵，心想这么小的孩子，不能那么大声跟她说话。有时候，萌爸说我会把孩子惯坏了，但我觉得，教育孩子也不能大声说话。

有一天，我们一家三口去吃火锅，萌宝抓着菜一直往锅里放。我担心宝贝烫伤，一直小心护着她。而萌爸不但不护着萌宝，还主张大胆放手，让她烫伤一次，还说等她知道疼了就不会再摸了。

但这样我也不能接受。万一真烫伤了怎么办？孩子这么小，家长还是应该引导一下比较好。

在宝贝成长的过程中，我一直都处于大胆放手和小心呵护的矛盾中。萌宝太淘气了，稍不注意就碰伤。

自从她会走路了，那就更不得了了，她一点也不愿意在床上多呆一会。没办法，我只能跟在萌宝屁股后面转，小心护着她，但还是避免不了她摔跤。有时我也会忍不住对宝贝吼上几句，但经常事后又后悔了。

无论如何，1岁宝宝的安全还是最重要的。家长在此时也要注意平心静气，毕竟这个时候的宝宝是最难带的，刚学会走路，正在探索期，家长时时都要跟在后面保护着，确实比较累。但熬过这个时期，宝宝就好带了。

19

1岁生日，萌宝睡觉

✳ ✳ ✳

萌宝1岁喽！这可是我家宝贝的第一个生日！我和萌爸都非常重视。

宝贝生日那天，我醒得比较早，但一点困意都没有，也许是太兴奋的原因吧！哈哈！等萌宝醒来，我说："宝贝，生日快乐哦，今天是你的生日呢！"

萌爸上午10点就去饭店订座了，而我早点也没顾上吃，就抱着萌宝去定生日蛋糕了。虽说蛋糕只是一种形式，但我还是忍不住订了一个双层大蛋糕。

萌宝不知道什么是生日，却表现得相当兴奋。结果从街上回来，上楼时就睡着了。到了家，刚一躺下又睁开眼睛坐起来了，原来她惦记着新买的衣服鞋子，睡不着了。哈哈！我给她试穿了新衣服，她高兴得满地乱跑，很开心。嘿嘿！真是个爱臭美的小丫头。

不到12点，我们到了饭店，萌宝忙得不亦乐乎。饭店准备好的宝宝专用座椅，她也不坐，喜欢到处淘气。刚一上凉菜，她上去一把就给抓过来了，手比妈妈还快。

结果可能是太兴奋了，萌宝刚一吃饱就打起了瞌睡。众人的喧哗声也没吵醒萌宝，她愣是睡了一个多小时。平时，萌宝睡半个小时就醒了，结果生日这天，却在嘈杂声中睡了一个多小时。

本来我们给萌宝准备了长寿面，结果因为她在睡觉，也没吃上。后来吃生日蛋糕时，萌宝吃得满脸都是，我给她洗脸都没洗干净。

就这样，萌宝度过了她的一岁生日。

▲ 萌宝1岁生日，带着小假发，一看就很调皮。

🌹 **辣妈养女经**

萌宝第一次过生日，让我和萌爸真正感受到了她的成长。是啊！时间过得好快，以前我觉得1岁好遥远，但其实一转眼就过去了。当萌宝不再那么依靠爸爸妈妈，自己能走、能说话、能吃饭时，我才发现，萌宝真的长大了！

20
调皮小丫头，常令妈妈很尴尬

* * *

2009 年的夏天特别热，为了避免中暑，白天我没敢带萌宝外出晒太阳。到了晚上 7 点，我才带萌宝出去，走在熟悉的街上，回头率颇高。

话说我这个当妈妈的年龄也不小了，但在很多人眼里，我还是一个不太成熟的小女生，每天抱着一个小宝宝外出，很是吸引眼球。

1 岁后的萌宝，胆子越来越大了，总做出一些让妈妈尴尬的事来。

尴尬事一：自作多情，乱抱小朋友

带萌宝出门，我只想用一个词来形容：真累！有一天傍晚，我带萌宝到广场上玩，萌宝很兴奋，看到小朋友，不管认识不认识，她都会跑过去想抱人家，吓得小朋友见了她都跑了，让我很是尴尬。而我这个当妈的，也得跟着这个淘气小丫头跑来跑去的，还要时不时地处理纠纷，当妈的真不容易啊。

尴尬事二：自己的东西不吃，看别人的东西嘴馋

萌宝不喜欢吃自己手里的东西，似乎更喜欢别的小朋友吃的东西。每次看见小朋友手里有什么吃的，她都直勾勾地盯着，让我这个当妈的很尴尬。萌宝的举动，好像妈妈天天不给女儿买吃的一样。其实，萌宝穿的和吃的绝对不比别人少，但这小妮子为什么偏偏就喜欢盯着别人手里的东西看呢。每当这个时候，

我都感觉很尴尬。

尴尬事三：自己家有玩具，却喜欢看别人的

萌宝每次到广场上，都穿得漂漂亮亮的，好多人见了她，都会忍不住夸奖几句。而萌宝只要看见别的小朋友手里的玩具，她就不动步了，就那么眼巴巴地望着，直到我强行带走她才算完。其实那些玩具家里都有，但她在外面看见了还想要，真是让我很尴尬。

尴尬事四：爱逛店面，她不累，妈妈累啊

我抱着萌宝来到步行街，小丫头一反常态，非要下来走路。原来，她每走到一个店面，都要"视察"一番，转一转的！而我也只好跟着她转。还好，店里的阿姨非常喜欢她，常逗她玩。店里的地面滑，萌宝又走得非常快，尽管我一直紧紧地跟着她，还是经常让她摔倒！我这个累啊。

1岁后的萌宝，胆子越来越大，也越来越调皮了。

在大热天里，萌宝每次回家都是汗流浃背的，一到家总是迫不及待地把身上的衣服全部脱掉。每当这个时候，我都会给她吃点东西，喝点水，再给她洗个澡，然后满心期待她能赶紧睡觉。但每次洗完澡，她反倒来了精神，又开始闹了，我得哄了又哄，她才会慢慢安静下来，吃着奶安心睡觉。

遇到精力充沛的宝宝，当妈妈的只有辛苦点了！

辣妈养女经

萌宝1岁后，人是越来越调皮了，只要醒着，她就没有一会儿闲着的时候。并且，带她出门，她还一点都不认生，一点都没有女孩子的矜持。看来，每家的孩子都不一样啊。

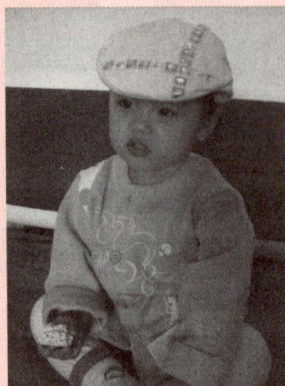

▲ 小丫头被打扮成"小帅哥"了，哈哈！

21
挖空心思，扮靓宝贝

✽　✽　✽

我是个爱美之人，在孩子的着装上，我也费尽了心思。

平时上街，漂亮的萌宝总会成为大家关注的焦点，我也喜欢别人夸奖自己的宝贝，那比夸奖自己高兴百倍。有的时候，人们还会问我："这个漂亮的小宝贝是你的吗？"这个时候，我总是迫不及待地回答："当然是我的啊！"哈哈！别人大概觉得："你这个小眼睛的妈妈，怎么会生出一个大眼睛的宝宝呢？"

只要别人夸萌宝，我就特高兴。结婚前，我就特别爱打扮自己。结婚后，从怀上宝宝那天起，我就喜欢上了买宝宝的东西。

萌宝出生后，我更是经常给宝贝买衣服。买衣服时，我一般都不会心疼钱，只要宝贝穿着漂亮就行。所以，我常常都不好意思告诉人家买衣服花了多少钱。因为在长辈眼里，我买衣服是乱花钱，太浪费了。

在妈妈眼里，自己的宝贝是最漂亮的。我花钱给宝贝买衣服，也是想让她每天都穿得漂漂亮亮的。另外，我还可以随时给宝贝拍照，留下一些美好的瞬间，让她有一个美好的童年。

事实上，每次拍照萌宝都极不配合。有好多次，漂亮的衣服买回来，她穿上了也不配合妈妈拍照。为了拍得好看些，我还喜欢给宝贝戴上各种帽子，可萌宝最反感的就是我给她戴帽子。

宝贝哪里懂得妈妈的一番美意哟！

辣妈养女经

宝贝的童年只有一次，为了给宝贝留下一个美好的童年，我认为妈妈多花点钱给宝贝买衣服是应该的。

22
选童装，不要光图漂亮

* * *

扮靓宝贝并不是一件容易的事。

有一天下午，我抱着萌宝，跟姐姐一起去逛商场，情不自禁地就到了5楼的童装专卖区。一上楼，我就被漂亮的童装服饰给吸引住了。本来我不想给宝贝买衣服的，因为萌宝的衣服实在太多了，连放的地方都没了。虽说我心里不想买，但也管不住自己的脚，不经意间又来到了卖童装的地方，那就索性挑几件吧。

萌宝试穿了几件衣服都很漂亮，我又动了要买的心思。在我正准备掏钱的时候，姐姐把我拦住了。姐姐认为，这些衣服前面都镶嵌了好多水钻，虽然漂亮，但舒适度不够，担心会伤到孩子的手。

姐姐的话提醒了我，当时我也反省了一下：我好像每次买衣服都只挑漂亮的买，而没有注意到衣服的舒适度。

后来，我们又转了几家，终于找到了既舒适美观又时尚的宝宝服，拿过来一试，嘿！绝对不是"漂亮"二字就能诠释的。哈哈！我终于买到适合宝宝的衣服了，心里那个高兴啊！

后来，再给萌宝买衣服时，我首先关注的就是衣服的舒适度。买衣服，不能光图漂亮，宝贝穿着舒服才是最重要的。

▲ 穿上漂亮的衣服，小丫头好可爱啊！

辣妈养女经

给宝贝买衣服的时候，妈妈们首先要看宝贝穿上舒不舒服，其次再看是否漂亮。这是我长期给萌宝买衣服的一个心得。

23
养儿方知父母恩

* * *

萌宝1岁了，我也像个妈妈的样子了。

现在，我每天被宝贝包围着，感觉舒服多了。

每天早晨醒来看到那个小人儿，看到那张胖嘟嘟的小脸蛋，我都好喜欢，感觉好幸福！

自从有了女儿，我知道了什么叫责任感，也明白了什么叫"养儿方知父母恩"。因为女儿，我每天过得既辛苦又充实。

自从宝贝会爬后，她每天都很淘气，不会安静地坐一会。我在她面前堆满了玩具，她先玩几下，接着就满地乱丢，再撅起屁股，爬来爬去捡起来，一次次重复着。萌宝把满屋子搞得乱七八糟，我只好这里捡一下，那里收拾一下，还得时不时配合小丫头玩一会，只为让她开心。做父母的好辛苦。

萌宝学东西很快，不管做什么，我只要教她一遍，她一会就能学会。现在，萌宝还能小站一会了，也渐渐会向前迈步了。

萌宝现在吃饭喜欢抓着直接放进嘴里，常常弄得满地都是饭粒。每次等她吃完饭，她坐过的地方总是狼藉一片。

萌宝虽然是个小女生，却像一个小男生的样子，干什么都风风火火的。

萌宝1岁了，很会模仿大人，你说什么话她几乎都能听懂。

但小丫头现在也有自己的主意了，经常不听我的话，搞得我经常想发火。

辣妈养女经

面对淘气的萌宝，我决心做一个有耐心的妈妈，克制情绪，尽量少对她大吼大叫。其实我发现，有时候顺着宝宝的意思，反而更容易让我心平气和。也许，教育的本质在于引导吧。

第三章

1~2 岁：家有小女，稀里糊涂过日子

一直以为，孩子过了1岁，自己就会慢慢放松下来。殊不知，孩子越大，问题越多。小家伙变得越来越有主意了，也越来越心思细密了。关键是，小丫头还天生就是一副淘气样，没有一点女娃娃的矜持，性格像极了男孩子，甚至比男孩子还淘气。就这样，在磕磕碰碰中，萌宝慢慢长大了……

1
女儿走路，摔跤不怕疼了

* * *

萌宝1岁多了，自从学会走路，她的动作越来越灵活了。

有一天，我想给萌宝照相，但丫头一看要拍照片，就开始拼命地抢相机，真有一股不达目的不罢休的劲头。看来，小孩子的探索欲还真是浓厚呢！抢不过她，我只好"束手就擒"了。现在，她是我们家的"老大"，一切都得服从她才行，萌爸也经常这么说。

萌宝每天洗两次澡，但身上还是会弄脏。没办法，这丫头太淘气了，老是摔跤。说起摔跤，我真是懊恼，眼睁睁地看着她从床上一个跟头摔到地上，哎呀！我肠子都快悔青了。说实话，我的反应总是慢一拍，真不知道是我太笨了，还是我家丫头动作太快了。

现在，萌宝走路老是摔倒，每次见萌宝摔在地上，我都难过极了。不过，萌宝走路也确实是快了点。我刚给她穿好短裤，她迈了两步就摔到地上了。这要在以前，我肯定会懊恼地先打自己几下。现在常看她摔倒，我反而习惯了。我想，萌宝现在还小，走路不稳，再长大些就好了。

萌宝摔多了，也不怕摔了，哭了几声，一看妈妈要带她外出，又高兴起来了。这小丫头最喜欢逛街了。再难过，只要一看到妈妈要外出，脸蛋也会马上由阴转晴。怎么说呢，我的宝贝一直都是相当皮实的，即使很多时候摔得很疼，她也就哭几声罢了。

那段时间，萌宝走路摔跤都成了一种习惯了。

▲ 萌宝淘气、爱折腾，开始有自己的主意了。

辣妈养女经

如果说我娇惯萌宝，那也是有原则的。萌宝第一次走路摔跤，我撕心裂肺般地难过。但看着她一次一次摔倒后，站起，再跌倒，我在难受中明白了：走路摔跤是萌宝学走路必须经历的一个过程！我希望宝贝能永远这样坚强下去。

2
得乳腺炎，我痛不欲生

* * *

最近，我被医生告知得了乳腺炎，带萌宝有点力不从心，很郁闷。

前几天，我的乳房一直有些包块，听姐姐说用热毛巾敷敷就会好的。我就怀着侥幸的心理，用热毛巾敷了敷，第二天真是有了效果，我想应该没有问题了。

结果半夜睡到凌晨 4 点，我就被乳房的胀痛折磨醒了，疼得不敢触摸，只好起来用热毛巾敷了又敷。

到凌晨 5 点左右，我全身发冷。夏天那么热的天，我盖个被子还觉得冷，浑身起鸡皮疙瘩，我发烧了。

早晨 7 点左右，我烧得越来越厉害，只好上医院了。

8 点多，我在医院检查，发现血压高了很多，真的是乳腺炎！

这时，我感觉自己浑身一点力气都没有了，像是被抽了筋一样，只好输液了。

还好，输了两次液，我的乳腺炎就好了。直到这时，我才想起老人们常说的："喂母乳的妈妈要小心，千万不要'挤'奶，否则会有乳房肿块，严重的还会引起发烧发炎，下不了奶！"

看来，是我一直忽视了乳汁淤积、细菌侵入等问题，才会发展成乳腺炎的啊。

辣妈养女经

哺乳期的新妈妈要注意，平时不要挤压到乳房，每次吃奶，要尽量让宝宝把奶吸空。另外，平时还要多清洁乳头。

3
萌宝狂吐奶，把我吓够呛

* * *

平时，萌宝早晨很喜欢折腾的。但今天一大早，我就发现萌宝不对劲，大早晨还睡觉，还一直睡到了中午11点多。果然，萌宝中午醒了就开始吐奶，吐了好多！

我一看萌宝很不舒服的样子，心里着急死了，马上就抱萌宝去了医院。

到医院后，医生中午都快要下班了。我和医生说了下萌宝的情况。医生说，先观察一下吧，这才吐了一次，如果下午还吐，就去化验个血，看看是不是肠胃炎。医生还说，最近得肠胃炎的挺多的。

我真是心急如焚！上次萌宝吐奶就病了好几天。我心想，可千万别是肠胃炎。

下午带萌宝回家休息，我给她吃了些有助于消化的口服液。等了一会，她的精神就好多了，又开始折腾了。我一下子没那么担心了。

看着萌宝调皮的样子，我松了一口气。平时老觉得萌宝太淘气，现在看她折腾，我反倒开心了。折腾说明萌宝精神好，身体没有大碍。唉，当妈的心情真是矛盾啊。

只是，萌宝还是有点拉稀，偶尔还会吐一点奶。不过我也没有那么担心了。当天晚上，我又是一夜没睡好觉，总担心萌宝夜里吐奶怎么办。萌宝一有扭动，我就会醒来。只要宝贝不生病，我就心满意足了。

辣妈养女经

有了孩子我才知道，当妈的真是不容易，受苦受累，还要担惊受怕。孩子真是当妈的一块心头肉啊。萌宝只要稍微有一点风吹草动，我就害怕！

4
面对无赖，安全第一

＊　＊　＊

对妈妈来说，带宝宝出门要时刻注意宝宝的安全。遇到无赖，安全第一。此时一定不要逞强，以免让孩子陷入危险的境地。

萌宝1岁多的时候，有一次我推着她到农贸市场买东西。街道原本很狭窄，人来人往，加上两旁都有小贩摆摊，显得十分拥挤。因为担心萌宝被人挤伤了，我只有推着婴儿车靠着最里面走。我走得很小心，结果还是和一辆车发生了冲突。

我记得那是一辆白色的奥迪车，司机是个长得很强壮的男人，开车很猛，看见很多行人也不减速，还挤着向前开。我感觉那辆车都快要蹭到我和萌宝了，就心急地隔着车窗对司机说："你能不能开慢点啊？我推车里还有孩子呢！"

本来以为司机见我推着孩子，能够礼让。可我没料到司机竟然大声说："我挤着你了吗？你瞎嚷嚷什么？"当时，我气坏了，本能地和司机吵了起来，结果吓得萌宝"哇哇"大哭。我本想纠缠下去，但看着萌宝的样子，我心想，算了，孩子要紧。

经过这件事之后，我反思了一下，碰见横冲直撞的无赖，最好还是躲远点，跟他们讲不清道理。不管怎样，孩子的安全还是第一位的。

辣妈养女经

在带孩子外出时，碰见无赖，妈妈必须要学会忍让。因为不管因为什么事情，忍让才是对孩子最好的保护！

5
淘气女儿喜欢打人

* * *

萌宝快15个月了，平时淘气起来开始喜欢打人了。

我曾经打过她的小手以示惩罚，但她却变本加厉了！

一次，我正躺着和她玩，她一下就把手机砸到我的嘴巴上了，手机本来就重，当时疼得我哭的心都有了。而她还笑眯眯地看着我，一脸无辜的样子，我真是无计可施。

这个"小土匪"打了妈妈，还以为好玩，我除了严厉批评之外没有任何办法。我真不知道怎么教育萌宝，让她不再打人。后来，我姐姐告诉她，亲亲妈妈就不疼了。小丫头倒是听话，上来就亲我。亲完，嘴里"啊"一声，然后只要我一说话，她就过来亲我，我不知道她是知错了，还是怕我批评。哎呀！这个愁人的小魔王，哪有一点女孩子的矜持嘛。

萌宝太小，完全认识不到错误，老把我弄得十分难堪，打也不是，骂也不是，武力根本解决不了问题，这个我深有体会。萌宝每次特别折腾时，我都让萌爸去管，萌爸一生气，手冲着她的小屁股就去了。可是，打也打了，骂也骂了，萌宝还是该干吗干吗。

有一段时间，萌宝喜欢咬人，好几次吃奶时都特别用力地咬了我，疼得我眼泪都要掉下来了。有时候，她还趁我没有任何防备，突然爬到我的肩膀上咬一口，咬完还呵呵傻笑。唉！看着这个1岁多的小丫头，说又听不懂，打也不管用，当妈的真是太难了。

那一段时间，我天天盼着萌宝能懂事就好了。

▲ 在外人眼里，萌宝之所以淘气是因为我过于溺爱孩子。其实，萌宝淘气我也很头疼。

辣妈养女经

对萌宝，我是一点办法都没有。其实，我该骂的也骂了，该打的也打了，她就是一点也不改正，让我很头疼。

6
我瘦了,也舍不得给女儿断奶

＊　＊　＊

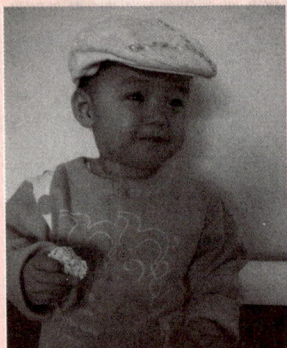

▲ 女儿 5 个月就开始吃辅食了。平时,她喜欢喝一些酸奶、果汁,也爱吃煮玉米、饼干等。我还专门给她买了个榨汁机,榨一些新鲜的苹果汁、西瓜汁等。

我一直坚持让萌宝吃母乳,但随着她一天天长大,光吃母乳显然是不行的。在萌宝 5 个月左右,我开始给她添加辅食了。辅食一开始都是买现成的,比如米粉、果泥、肉松等。过了一段时间,这些辅食无法满足萌宝的需要了,我就开始给她熬粥、做面条吃。有时候,我还会往锅里放一些虾皮、青菜之类的东西。隔三差五,我也会给萌宝做一次肉吃。

在萌宝吃的方面,我不是一个称职的妈妈。不过,我一直在坚持母乳喂养。到女儿一岁多时,我变得越来越瘦。萌爸认为,我之所以变瘦是因为我仍在坚持哺乳,看来要给宝贝断奶了。

在萌爸看来,萌宝 15 个月了,吃奶没什么作用了,还不如断了呢。但我舍不得给女儿断奶,也不想这么早就给她断奶。

宝贝睡觉有个习惯,醒来吃上几口奶才会再次入睡。我怕一旦断奶,萌宝半夜就不好好睡觉了。在我看来,给萌宝断奶是一件很困难的事情。并且,萌宝一吃不上奶就会哭,看她哭得可怜的小模样,我就受不了了,我也没办法狠心给她断奶。所以,萌宝断奶的事情就只好暂且搁浅下来了。等她大一点再断奶吧!

说实话,萌宝吃得好不好,我这个当妈妈的责任最大了。自从有了女儿,为了奶水充足,我几乎练就了一身“吃饭的本领”。可以说,那吃饭的速度跟抢饭似的,饭量也不小! 没办法,我得为萌宝吃饭,不然她没奶吃了啊。

辣妈养女经

萌宝爱折腾时,我的睡眠就特别少,精神状态也不好,头发直掉。萌宝奶奶告诉我,这是因为孩子吃母乳的原因,建议宝贝 1 岁半就给她断奶。萌宝奶奶用亲身经历教我如何顺利断奶,我“嗯嗯呀呀”答应着,心里却对萌宝断奶的事没什么把握。

7

女儿流鼻血了

✳ ✳ ✳

当萌宝生病时，我心里总是特别难受。

记得萌宝小的时候，还没满月她身上就起了好多湿疹，夏天又起了好几次。家里的药用没了，也不知道去哪儿买，就让人帮忙从北京带药。后来终于打听到当地有一个专卖店有卖的，结果却发现，北京卖18元的药，这里卖38元，也够黑心的。虽然差价比较高，但女儿最重要，我马上买了一瓶，萌宝用了三天，小疙瘩就消了，我这才算松了一口气。

有一天，我一边翻书，一边和萌宝说话。我低头翻书时，萌宝开始嚷嚷。我抬头一看，她右侧的鼻孔居然流鼻血了！血虽然不多，可把我吓晕了，魂都没了。那一刻，我心速加快，心念急转，怎么搞的！我的小宝贝怎么会流鼻血呢？

我赶紧帮萌宝擦拭了鼻子，血倒是不流了，我却开始手忙脚乱，慌成一团。脑子里开始浮现各种可能性。幸好老公也在，他看后说肯定是上火了。

这两天，萌宝流清鼻涕，我总是用手捏住她的鼻子帮她擦。有好几次，我没办法就只好用指甲去抠她的鼻孔。我想，一定是这几天太干燥，我不小心让萌宝的鼻粘膜受伤了。我心里乱乱的，心想，要是萌宝真有什么事，我就不想活了。

自从有了女儿，我觉得自己怎么样无所谓，萌宝好不好才是我最关心的。萌宝每一天都平安无事，就是我最大的希望！

▲ 对于我这个当妈的来说，萌宝的健康才是最重要的！

辣妈养女经

自从萌宝无故流鼻血后，我问过好多妈妈，她们告诉我，她们的孩子小时候也碰到过这种事。给小孩子擦鼻涕时，你如果总是用指甲去抠鼻子，那就容易流血。听了妈妈们的话，我才算平静下来。

8
给女儿做厨师，看菜谱做饭

* * *

萌宝不到一岁的时候就添加辅食了。那时，我要么给她买现成的米粉等，要么就给她吃鸡蛋黄，顶多煮个面。还好，萌宝是个不挑食的宝宝，食量一直很好。

刚开始时，我感觉给萌宝做饭不是很费心，但时间一长，我就不会合理搭配了。尤其是她到1岁以后，给她吃什么辅食让我犯了难。

在萌宝的饮食方面，我一直都觉得犯愁。最初，我买了几本育儿杂志进行学习，有的杂志会附带一本如何给宝贝做美食的小册子。萌宝刚出生时，我不太在意这些小册子，但随着她的一天天长大，我开始认真研究这些小册子了。我下决心要给女儿改善伙食了。

可事实上，按着这些菜谱做饭，我很少有做成功的。只有一次，我做了个最简单的胡萝卜丝炒饭，配料少，做法简单，效果还不错。并且，我也由此知道，熟的胡萝卜比生吃有营养，炒的比煮的有营养，炸的更有营养了。之前，我还一直以为生吃胡萝卜最有营养呢。

后来，我又把胡萝卜切成了小丁，加了一些也切成小丁的香菇和菜花，先是把胡萝卜油炸了一下，放入了蘑菇，炒出来我闻了闻，还是相当有食欲的。

随后，我给萌宝端了一小碗，紧张地看她的反应。萌宝被五颜六色的菜给吸引了，拿起勺子就吃。还一边吃，一边吧唧着小嘴，我紧张的心才算踏实了。

9
学做疙瘩汤，变着花样做饭

* * *

其实，自从有了女儿我才发现，给闺女做饭真是一件伤脑筋的事！

为了给萌宝做合胃口又有营养的饭菜，我"刻苦钻研，潜心修炼"，总算琢磨出一个疙瘩汤！哈哈！是我夸大其词了，在别的妈妈眼里那是小意思啦。但对于我这个菜鸟妈妈来说，那可是不小的进步！谁叫我不会做饭，基础差，起点太低呢！

我第一次做疙瘩汤是这样做的：

第一步，拿一块水果豆腐，俗称彩色豆腐（萌宝平时很爱吃的），切成小丁，西红柿切成块状；

第二步，放少许白面在大碗里，然后一边放水，一边搅拌，直到拌成碎碎的小疙瘩；

第三步，在水烧开后倒入搅拌好的面疙瘩，再放入切好的豆腐和西红柿，放两个搅碎的鸡蛋；

第四步，如果有绿色蔬菜也可以放进去，既营养，又好看！

最后，再放上点调料，等疙瘩汤稍微煮至冒泡就好了。因为面疙瘩很小又碎，所以一入锅就熟了，我的"辛苦之作"也就可以出锅了！

接着，我品尝了一下，自我感觉味道还不错。接着，我赶忙盛了一小碗，用小勺搅了几下，等温度差不多了，才把萌宝从屋里喊了出来。她端上碗，美滋滋地吃了起来。

嘻嘻！看着女儿吃得有滋有味的样子，我心里也美滋滋的。

辣妈养女经

第一次做疙瘩汤大获成功，让我有了成为女儿"合格厨师"的欲望。我要尝试着做各种美食，不断变换新花样讨好女儿，当然还要征服另外一个人，那就是萌爸！哇咔咔，想想就很美！

▲ 其实，只要和女儿在一起，
妈妈什么都不怕！

10
全职妈妈也有压力

✳ ✳ ✳

全职妈妈常被人认为是最没有压力的一个群体。

全职妈妈给人的感觉就是个家庭主妇，依赖老公，吃闲饭，不被人看好，也没有任何价值感。

其实，全职妈妈除了没有职场打拼的压力，其他压力也很多。作为全职妈妈，我深有体会。下面，我就说说我这个全职妈妈最怕的四件事吧。

第一怕：最怕孩子生病

作为妈妈，最怕宝宝生病。因为工作的原因，职场妈妈不用时刻照顾孩子，工作压力大了，太忙了甚至会暂时忘记孩子。而全职妈妈呢，必须时刻盯着孩子，天天伺候着。宝宝稍有不舒服就着急，生病的是宝宝，最受折磨的却是妈妈。宝宝生病，妈妈比自己生病还难受。

第二怕：最怕老公出差

这一点我深有体会。萌爸在家时，我俩会因为琐事吵嘴，没完没了。但等他出差了，我心里又觉得空落落的。尤其是萌宝嚷嚷着要给爸爸打电话时，她总是一副要哭的样子，这让我特别难受。有一天晚上，萌爸要和丫头视频。看着萌宝对着电脑，拍打着桌子大声喊"爸爸"，我的眼泪一下就流出来了。

萌爸在家虽然也帮我干不了多少活儿，但关键时刻还得靠他；萌爸不在家，我必须独自面对身边的一切事情。

第三怕：最怕自己的育儿方式得不到别人肯定

全职妈妈是孩子 24 小时的贴身跟班，吃喝拉撒睡全由一个人来操持，对孩子每一阶段的发展都有举足轻重的作用。如果孩子各方面都发展得比较好，人家会认为孩子天生就冰雪聪明，不用教也非常出色。而一旦遇到孩子稍微不听话，或做错一点事情，别人可能就会说："你看孩子都让你给惯坏了。"

第四怕：最怕重返职场选择难

当全职妈妈时间久了，每天围着孩子转，难免会觉得与社会脱节了，工作也生疏了。这时再想重回职场就是极大的考验了。作为全职妈妈，有时只要一想到重回职场的压力，我就觉得犯怵。

这些都是我当全职妈妈的体会。

当然，除了压力，全职妈妈带孩子也有很多乐趣。对此，我只想说："不管是全职妈妈，还是职场妈妈，都需要保持积极向上的心态来对待生活！"

职场妈妈不要把自己当成工作的机器，而全职妈妈也不要把自己当成家里的保姆。不管怎样，快乐的心情最重要！

辣妈养女经

其实，不论是职场妈妈，还是全职妈妈，都应好好活出自己。不要因为孩子而失去自我，我想这才是最重要的。

11
自己带孩子，好处多多

* * *

前些年，请保姆好像是富人的象征，也是成功人士的标志。可随着经济的发展，现在平常人家请保姆也成了平常事。每次带萌宝上街，人们总是会不经意地问我："宝宝是你自己带的吗？为什么不找个人帮忙带呢？"

其实，我觉得自己带孩子也是一件很幸福的事。下面我就说说自己带孩子的好处：

好处一：有利于产后妈妈成功瘦身

众所周知，带孩子是一件非常辛苦的事情。一个每天晚上要吃奶 N 次、撒尿 N 次的襁褓小婴儿，逐渐成长为会爬会站的小宝宝，继而又长成满地乱跑的小家伙，这期间妈妈会付出很多辛苦。所以说，产后妈妈自己带孩子，就不用刻意减肥了，也不用担心产后身材难以恢复的问题了，可谓一举两得。

好处二：增强亲子感情

"孩子谁带就和谁亲"，这是一句再也熟悉不过的老话了。我天天带萌宝，她会觉得我就是她最亲的人。如果萌宝让保姆带，和妈妈的感情肯定就疏远了。

好处三：随时掌握宝宝的情况

如果是由保姆带孩子，妈妈对于宝宝的日常情况就会不太了解。比如宝宝的喂养问题、习惯培养问题，以及智力开发等。现在的孩子跟以前的"粗放式"喂养不同，家家都是"精细化"养育。带孩子不仅需要一些喂

▲ 自己带孩子，可以让孩子更多地感受到妈妈的爱！

养知识，还要了解孩子在每一个阶段的特点，并进行针对性的智力开发。一般的保姆都没有这方面的经验。而全职妈妈则会用心去学习这些知识，这对孩子来说无疑是极好的。

好处四：节约家庭开支

对于普通家庭来说，请保姆是一笔不小的开支，所以，还是能省则省，省钱就是赚钱了。

这就是我带孩子的一点体会。

当然，如果非要请保姆，就要好好考察一番了。毕竟，"三岁看老"，孩子在婴幼儿时期的教育还是很重要的。请保姆有弊有利，这就看家长的选择了。

而我则坚持认为，如果能自己带，肯定对孩子来说更好一些。毕竟，现在一家大多只要一个孩子，而孩子的童年时期，就那么几年。我希望孩子在长大后，能更多地回忆起跟妈妈在一起的温暖。并且，孩子由自己带，毕竟也更放心一些。

辣妈养女经

其实，自己带孩子还有一个好处，就是可以随时对自己进行反省。孩子小时候无疑有很强的模仿能力，通过孩子这面"镜子"，我们可以很容易看到自己的缺点。而这无疑是一个很好的自我反省的机会。

12
孩子是妈妈的命根子

❋ ❋ ❋

冬天很冷，又下雪了。

萌宝最近生病了，还没彻底好，偶尔会咳嗽一阵。我已经连着好几天都没有跨出过家门了，萌宝虽说也不习惯待在家里，但她的身体还没有彻底康复，还在继续吃药。外面太冷，我不敢带萌宝出去，没勇气折腾了。我们待在家里，暖气热得和夏天一样，外面却是冰冻三尺的样子。

事实上，萌宝生病我着急，但萌宝的表现也让我很欣慰。一天夜里，萌宝半夜咳嗽得很厉害。我赶忙帮着宝贝拍背，宝贝挣扎着要起来，我不知道她起来要干什么，以为她要让我抱抱呢，没想到，她是要爬到床边吐痰。其实，她嘴里什么都没有，只是我平时告诉她，咳嗽完后，要把痰吐出来。我没想到，萌宝把妈妈的话全记到心里了，吐完痰才接着躺下来睡觉。看着小宝贝的举动，我好感动！几天后，萌宝不吐痰了，会说的话更多了。

一天，萌宝看动画片时，我指着一休对她说："宝贝，这是一休哥！"没想到她居然举起手指头，在自己脸蛋上刮了两下说："羞羞。"这是哪儿跟哪儿啊！我都乐得不行了！

平时，萌宝总要当着好多人的面吃奶，我就对她说："宝贝羞羞，这么大还吃奶。"后来她也就习惯了，每次要求吃奶时，自己先在脸蛋上做出"羞羞"的动作，嘴里念叨："羞羞。"这天她听错了，居然把"一休"听成"羞羞"了。哈哈！我的萌宝可爱极了！

13
冬天出门穿少了，萌宝发烧了
*　*　*

入冬后，我最怕女儿生病，她却偏偏病了。

那天出门我大意了，也没给女儿多穿。结果萌宝给冻发烧了！萌宝生病后，我真是后悔！那天咋就没注意多给她穿点呢！我急得把电话打了个遍，给妈妈、给姐姐，一个个打，她们安慰我说没事，萌宝肯定是受凉了。

那天萌宝发烧了，温度表也不小心打坏了，晚上也没买到，也不知道烧到多少度了。根据我的经验，起码得有38℃，这可真把我急坏了。关键那年冬天正是"甲流"蔓延时，我担心萌宝会不会是感染了"甲流"，心里更是七上八下的。

平时萌宝生病了我都会带她去医院，但这回感冒正巧赶上"甲流"，我也没敢带她去医院，而是选择了在家里治疗，同时做好了随时去医院的准备。

家里有备用药，我赶紧给萌宝喝了点，这种药退烧很快。然后我又给她吃了点感冒药。这一夜，我几乎没敢睡觉，只有在眼皮实在睁不开时，我才会眯上一会儿，但很快又醒了。我心里实在担心啊！家里没有温度表，我只有把额头贴在萌宝的额头，以此来判断她是否退烧了。

整个晚上，萌宝都是退了又烧，我一共给她喝了三次退烧药，一般间隔4~6个小时。早晨，萌宝早早就醒了，我一摸她的额头，不那么热了。萌宝又恢复了平时的淘气模样，我这才放下心来。

▲ 萌宝平时抵抗力不错，一般感冒了最多流点清鼻涕，几乎不用喝药就能好。

辣妈养女经

其实，萌宝的免疫力还算强的。平时萌宝感冒最多是流点清鼻涕，几乎不用吃药就能好。但今年感冒偏偏遇上了甲流，我就选择先在家给她退烧了。

▲ 宝宝 1 岁后就到了语言理解期，看她说话时的小模样，总是喜欢学着大人的样子和口吻讲话。

14
萌宝学说话，叫爸爸"老公，吃饭了"！

* * *

萌宝快 1 岁了，除了淘气的本事，还会说话了。

大概从女儿 6 个多月开始，她嘴里就一直"乌拉乌拉"地说一些大人听不懂的话。我呢，天天盼着女儿能喊我"妈妈"。然而，闺女第一声叫的不是"妈妈"，而是"爸爸"。而萌爸听到女儿喊"爸爸"时，竟然有些羞怯。呵呵！萌爸肯定是被突然而至的幸福砸晕了！

萌宝学说话很快，只要教她一遍，她就能学会。我还试着让她做了个"飞吻"的动作，她很快就学会了。

那时，每次萌宝亲我脸蛋，总是先把嘴巴贴在我脸上，然后发出"哇"的一声。每当这时我总是想笑。呵呵！在她心里，妈妈的"吧嗒"一声和她的"哇"是一样的声音。

有一次，萌宝学着我的声调喊爸爸吃饭："老公，吃饭了！"此言一出，把我和萌爸都给逗乐了！我告诉闺女："你应该喊爸爸！"

萌宝 1 岁后，到了语言理解期，总是喜欢学着大人的口吻讲话。在她眼里，妈妈总喊爸爸"老公"，她自然也认为应该一样喊"老公"。

萌宝学说话，总会说一些让人意料不到的话，这常常会逗得我开怀大笑，有时也会让我不知所措。

萌宝 1 岁后，就基本上能够和妈妈交流了。

辣妈养女经
处在这个阶段的宝宝总有说不完的话，萌宝在语言天赋上表现出了超强的能力。

15
萌宝爱模仿，我开始反省自己的言行
* * *

1岁后，萌宝说话不但变得越来越清楚了，还相当有条理。

萌宝会说话后，最喜欢学大人说话，每当我喊萌爸"老公"时，她也会叫"老公"。

并且，我和萌爸通话时，萌宝也开始知道抢电话了。只是我怕电话有辐射，对萌宝不好，所以每次都不让她拿。

现在，萌宝更独立了，说话越来越清楚了，也能帮妈妈做事了。

说话趣事一：会说话了，"姥姥"叫"咬咬"

萌宝会说话了，每次渴了总会嚷嚷："水！水！"饭吃饱了也会说："饱饱！"想看电视，她会自己打开电视，然后对我说："看羊羊，看羊羊！"对大人的基本称呼也会叫了，日常用语也基本都会了。好笑的是，她一直把"姥姥"叫成"咬咬"，发音不大准，而其他的发音都特别清晰和准确。对爸爸的称呼有好几种，还有自创的"勇勇"。

说话趣事二：防不胜防，爱拿危险物品打"啊！啊！"

为了萌宝的安全，我常对她讲，不能碰刀子、剪子之类的危险物品。家里的刀子和剪子，我一般都放到她找不到的地方，但有时也有疏忽，比如：切完菜，菜刀让她看到了，她会去拿。我下意识地大喊："啊，危险啊！"没想到，小丫头也学会了。有时候，萌宝拿到尖锐的东西，会故意冲着我大喊："啊！啊！啊！"真是让我哭笑不得！

说话趣事三：萌宝帮倒忙，洒水是"尿了"

萌宝淘气，却是个超级喜欢干活的宝贝。每次地上洒了水，或是她尿到了地上，她总会第一个跑过去把墩布拿过来擦了又擦，然后对我说："尿了。"每次在我擦桌子时，她也总是会抢过来帮着去擦，虽然她会越帮越乱，但我心里却十分高兴。萌宝这么勤快，我想这与我经常故意让她帮我拿东西有关吧！

说话趣事四：打瞌睡时回应妈妈说"嗯"

有一天，遇到难得的好天气，我带萌宝出去玩，坐摇摇车，她开了一会，又打瞌睡了。坐摇摇车时，萌宝的两个眼睛就眯成了小缝，看来是想睡觉。坐完了车，我带她去买东西，她还打瞌睡呢。我和她说话，她一概以"嗯"字来回应。

说话趣事五：照相时爱说"漂亮"

每次照相，我对宝贝说："宝贝，漂亮一个。"她就会托起小下巴说一句："漂亮！"呵呵，真是个爱美的小屁孩。

说话趣事六：打电话，只会说"嗯嗯！哦哦！"

萌宝一直喜欢疯狂打电话，会说话了更爱打了。只要妈妈一拿起电话，她就会抢过电话拿在手里，还像模像样地说："嗯嗯！哦哦！"不知道的人，还真以为她在和谁通话呢，其实，她只是在模仿大人而已。哈哈！萌宝打电话时的认真样，别提多逗了。

自从有了女儿，日子过得似乎更快了一些。每天被萌宝包围着，日子虽说辛苦，却也充实。

我喜欢每天早晨第一眼看到的那个小人儿，小脸蛋胖嘟嘟的，每天醒来看见妈妈，都会冲你乐一乐。

▲ 看着女儿，我的心里都是满满的幸福。

辣妈养女经

萌宝会说话后，口齿不清，模仿能力却很强。我和萌爸说话做事，一举一动都要特别注意。这段时间，我觉得像是被萌宝监视了，不管是说话，还是做事，我都小心翼翼的，生怕她跟我学坏。

16
搬新家，萌宝想回原来的家

✳ ✳ ✳

在萌宝眼里，新家和老家是不一样的。

买新房子以后，为了给萌宝创造一个好的环境，我把卧室的墙壁也刷成了粉色。本以为女儿很快就会喜欢上新房子的，可是小丫头一开始很不适应。

搬新家的第一天，萌宝充满了好奇，东走走，西看看，一个角落也不错过，看上去她蛮喜欢这个新家的，我也很高兴。但到天黑时，萌宝拿着自己的衣服、帽子，拉扯着我说："妈妈，我要回家！"我说："宝贝！这是咱们的新家，以后我们就要在这里生活了！"

萌宝听后，"哇哇"大哭起来。一边拉我的手，一边嚷嚷："妈妈，我要回自己的家，我不在这里待着，这不是我的家！"

看着闺女哭得稀里哗啦的，我又着急又心疼，赶忙解释一番："宝贝，你看这个新家多好啊，那个小屋就是你的屋子。妈妈在你的屋子里还贴了墙贴，还给我们宝贝放了个可爱的小闹钟。我们今天就在小屋睡觉，好不好啊？"

萌宝一边哭一边重复那句话："妈妈，我要回自己的家！"我实在没招了，只好把萌爸拉过来，让他劝说萌宝。萌爸苦口婆心地说："宝贝，爸爸妈妈以后要在这个新家生活了。你是我们的宝贝，当然要跟我们在一起啊，我们三个人是不能分开的哦。"

萌宝听了萌爸的话，不哭了，眼泪汪汪地看着我。最后，萌宝搂着我的脖子说："那我就将就将就吧！"

辣妈养女经

刚搬到新家的第一晚，女儿就嚷嚷着要回家，说什么也不愿意在新房子里待着了。看来萌宝对新环境一时还有陌生感。我和萌爸除了安慰女儿，还陪萌宝一起做游戏、看电视，以分散萌宝的注意力。有了我和萌爸的陪伴，她也逐渐适应了新环境。

17

萌宝长高不少，说话也更有意思了

* * *

萌宝快 18 个月了，似乎又长高了不少。

我拿出尺子，给萌宝大致量了一下。她不听话，我量了三次，每次量的都在 91 厘米左右。不到 18 个月的萌宝，身高就已经到了 91 厘米，难怪别人总认为萌宝有 2 岁多了呢。这年龄能有这身高，那实在是够高了。呵呵！这点她可真是随她老妈我了。

如今，萌宝能清楚地表达出自己的姓氏和属相了。其实萌宝 1 岁多点就会说了，只是那时候小，还经常搞混。现在如果再问："宝贝，姓什么啊？"她会很快回答："刘、刘……"萌宝说话喜欢重复。

如果问她属什么，她会回答说："耗耗！"

只是问她几岁时，她总会竖起一个手指头说："1。"呵呵！记得 11 个月时，问她几岁了，她一直都是举着一个手指头说"1"。现在，半年多过去了，萌宝还是会说"1"，哈哈！

萌宝很有意思，教她数数，她会从 1 蹦到 3，再蹦到 5，每次上台阶的时候，她总会说："1、3、5……"哈哈！别提多有意思了。

萌宝是个淘气的丫头，却很会心疼人，每次吃东西，她都喜欢喂妈妈吃一口。即便是她特别爱吃的东西，她也总会先喂我吃一口。有时候，她还会帮我挠痒痒。哈哈！真是个孝顺的小丫头，这也让我一直很欣慰。

辣妈养女经

当初在产房，我第一眼看到的粉嘟嘟的小婴儿只有 52 厘米，现如今，小丫头已经长成 90 厘米的"大姑娘"了！想到这儿，我的眼睛瞬间又湿润了。这期间，我困惑过，也担心过，但更多的是惊喜和幸福。我常常心怀感恩，感谢上苍赐予我这么一个小人儿！

18

女儿断奶（一）：我不吃，我只想舔舔

* * *

萌宝22个月了，早就到了断奶的年龄。

小妮子对母乳很依恋，我的奶水也一直充足，所以迟迟没有断奶。一到晚上，小妮子就会掀开我的衣服，趴在我的耳边说："妈妈，我又想吃奶了！"

婆婆告诉我，必须给萌宝断奶了，越大越难断。我想想也是，索性就断了吧。可小妮子没事就过来掀我衣服。我说："妈妈生病了，你不能吃奶了！"萌宝一副委屈的样子，说："那等妈妈不生病了，我再吃好不好？"我只好安慰她说"行"。

到了半夜，萌宝趁我睡着时，再次偷偷找奶吃。我被她折腾醒后，说："闺女，你不是答应妈妈，等妈妈病好以后才吃吗？"萌宝迷迷糊糊地说："妈妈，我不吃，我只想舔舔！"

看着闺女一副小可怜的模样，我真是不忍心。可奶还是要断的，我只好狠心地说："妈妈生病了，你不能再碰了，好不好？"闺女一听，委屈地说："那我亲一口，行不行啊？"没办法，我答应闺女亲一口就睡觉。小家伙还真是，亲了一口，就又睡着了。

其实，我早就想给闺女断奶了，只是迟迟没有下定决心。

有一次我哄丫头睡觉，和丫头说："咱们断奶吧！"结果丫头真就不吃了，还说："妈妈，断奶了！"可没一会睡意来了，她又克制不住了，撩起我的衣服就吃。呵呵！真是没办法！有时候，我也实在不忍心看到闺女渴望吃奶的表情。

辣妈养女经

我一直坚持母乳喂养，从来没有动摇过。事实证明，就算是给宝宝吃母乳的妈妈也可以瘦下来！并且，看到用自己的奶水喂大的宝贝身体健健康康的，我也有了当妈妈的自豪感！等闺女长大了，我可以说："萌宝，你是吃妈妈的奶长大的！"

19
女儿断奶（二）：抹药水断奶

* * *

萌宝快2岁了，我还没有给她断奶成功。

我本来想喂萌宝到2岁再给她断奶的，无奈天气变化多端，我感冒了，还很严重。嗓子疼，咳嗽，说话都费劲。我第一时间想到的是，可别把感冒传染给萌宝。萌爸也说，要不就趁这回感冒，给闺女断奶吧！

想想也是，丫头每天晚上都会醒来好几次，吃N次奶。我本来想坚持母乳喂养到女儿2岁的，但她晚上频繁地吃奶，我也实在无力应对。

按理说，她将近2岁了，母乳喂养的时间也够长了。之前虽说有几次断奶的尝试，但一直没能成功。在婆婆、姐姐的眼里，我就是不忍心，过不了自己这一关，所以才一直没能断奶成功。

这天，我痛下决心要给闺女断奶了。我曾经尝试过多种断奶方式，但根本没办法让萌宝不吃。我骗萌宝说妈妈疼，不能吃，她倒是特别乖巧，立马就答应了。可没过一会，没等她控制不住，我就先妥协了。说实话，给闺女断奶实在是一件太困难的事，让我太为难了。

这天，我决定采纳婆婆的建议，在乳房上摸点药水给闺女断奶。

我买了点药水抹在乳头上，和萌宝说："宝贝，你看妈妈这儿生病了，疼，你以后不能吃奶了。我们今天就断奶，好吗？你看妈妈都抹药了！"

丫头很乖巧地说："嗯！断奶了，妈妈疼！"

看到萌宝这么乖巧，我的心里酸酸的。

辣妈养女经

说实话，萌宝断奶没有我想象中的难缠，倒是我这个当妈的表现得十分没出息。眼泪始终在眼眶里打转，看不得一点女儿渴望吃奶的眼神。

▲ 刚断奶后，小家伙还是挺乖巧的。瞧！小家伙玩车玩得好高兴哟！

20
女儿断奶（三）：妈妈疼，断奶不能吃
✳ ✳ ✳

萌宝断奶后的第一天上午，偶尔还会跑过来跟我说："妈妈，我摸摸！"说着，她掀开我的衣服，摸了摸，赶紧又说："妈妈疼，不摸了。"宝贝很懂事，我心里却酸酸的。就这样，闺女顺利地度过了一上午。

到了中午，该睡午觉了。以往，丫头都是吃完奶才午睡。今天中午，她显然已经意识到不能吃奶了，但她又极度不适应，一边说"妈妈疼，断奶不能吃，摸摸"！一边在床上翻来覆去睡不着。

过了一会，她跟我说："妈妈，我要看电视！"我挨个换节目，找到了动画片，可她又要看别的。我又找别的节目，她又嚷嚷着要看动画片。其实，我知道她是想吃奶，心里肯定特别难受，但还是忍着，折腾着。看闺女这么心疼妈妈，我也快崩溃了。

尽管丫头困得不行，可就是不睡。最终丫头还是忍不住大声哭起来。看到她这么一哭，我的眼泪终于忍不住跟着掉了起来。听到哭声，萌爸来到了屋门口，一边直冲着我眨巴眼睛，使眼神，一边对我说："坚持住啊！一定要坚持住！"萌爸说得容易，这可是女儿的第一次心理考验啊！你想想看，萌宝从出生就吃奶，都吃了快2年了，突然就这么断了，她心里能好受吗？

萌宝哭了一阵又一阵，折腾来折腾去，我始终没有让她吃。终于，她抗不住困意，疲倦地睡着了。看着她睫毛上全是泪水的小模样，我的心又一次被触痛了。

🌹 辣妈养女经

断奶考验了宝宝的自制力，也让我这个当妈的发现女儿更懂事了。闺女比我预想的坚强多了，仅仅只是哭了几声，倒是我这个当娘的，心里经受不了煎熬，还是忍不住哭了。不管怎么说，萌宝断奶还算顺利！

21
断奶后，萌宝迷上了吃零食

* * *

断奶注定是母亲看着孩子独立长大的第一步。

历经几天的煎熬，断奶终于成功了。我突然有一肚子的话要说。

回顾母乳喂养这两年，我感受更多的还是幸福。那个襁褓中的小婴儿在我的哺育下长大了，如今长成能说会道的小精灵了！母乳喂养让女儿有了更健康的体魄，我也渐渐瘦下来，找回了自信！

没断奶前，萌宝的食量一直特别好，每次上菜，她都会主动拿碗和我要米饭。断奶后，闺女的食量却明显不太好了，好像对吃饭不太感兴趣了。相反，闺女开始喜欢抱着一堆零食狂吃，迷恋起各种各样的零食了。

断奶后，由于闺女不喝奶粉，我只好给她买了些牛奶和酸奶。然而，她对牛奶也不感兴趣，反而偏偏喜欢喝酸奶。有一天，萌宝接连喝了十几瓶酸奶。这要在以前，我肯定会控制她的，真不知道这丫头的肚子怎么受得了。唉！真希望萌宝尽快走出断奶后的失落心理，吃饭也能恢复正常。

之前，萌宝吃得太多，我会担心她积食，或是长得太胖。现在，闺女的食量突然减少了，我又担心她营养能不能达到。不管怎样都担心。

现在，我睡觉前必做的功课是给丫头挠痒痒，讲故事。还好，每次她都特别快就睡着了。值得欣慰的是，断奶后，闺女的睡眠质量大幅度提高了。一般除了晚上会起夜撒尿，其他时间都睡得很香，可能是因为不再惦记吃奶了，才会睡得这么好。

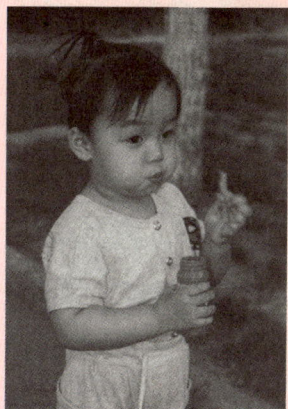

▲ "我断奶了，就要多吃点零食，要不就饿肚子了！"

辣妈养女经

萌宝刚断奶那几天，不再特别黏我了，但后来又开始黏我了。出去玩的路上，她不喜欢自己走，通常只让我抱着。可想而知，我每天抱着32斤的胖丫头来回折腾一天，也是一件很辛苦的差事了。不过，能被宝贝黏着也是一件很幸福的事。

22
当妈了，就是在不断犯错中反省自己

❋ ❋ ❋

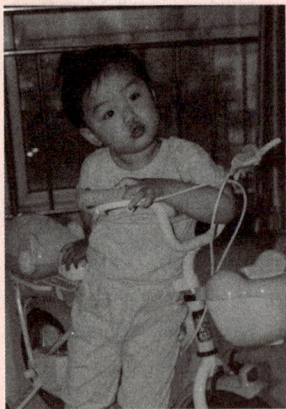

▲ 萌宝会犯错，妈妈也一样。萌宝知错就改了，妈妈也一样会改正自己的错误！

有一天，我带着萌宝从姐姐家回来，就简单地热了点剩饭，里面有她爱吃的鱼丸。或许是丫头在姐姐家吃饱了，也可能是没什么食欲，总之该吃饭了她也不吃，就只是穷折腾。

我忍着没发火，她却越来越来劲了。一会让我陪她睡觉，我抱她去睡觉她又不睡了；一会又嚷嚷着要吃饭，还要我抱着她去姐姐家吃。我说打个电话把姐姐家的饭送过来给她吃，她又不依不饶，哭个没完没了，我实在受不了了，就冲她发火了，事后想想又后悔。

萌宝越来越大，脾气也大起来了。她若是脾气上来了，任你怎么说也没用。萌宝本来已经断奶了，结果后来她又想吃奶了，我坚决不从，又惹得她哇哇大哭。她断奶时还关心妈妈疼，也不吃了。现在则任我怎么说，她都不听，真是拿她没办法。

平时，我不想事事都顺着萌宝，担心时间长了会惯坏她。而每当我和萌宝发了脾气，最后难受的还是我。萌宝不记仇，睡觉前喜欢搂着我的脖子，甜甜地说："妈妈，爱你！"而我除了感动，更多的就是自责了。其实，我这个当妈妈的和萌宝一样爱犯错。

萌宝是孩子，很快就忘了。我则是不断犯错，不断后悔，也不断反省。也许，当妈妈的都是在不断犯错中成长起来的。

23
允许女儿犯错误

* * *

每个孩子都有一个成长叛逆期。

萌宝快2岁时有一段叛逆期，爱跟妈妈作对，你说不能干的事，她偏去干；你说危险，那她就非干不可了。那段时间，她太无理取闹了，我都快被她弄得疯掉了。

有时，萌宝喜欢不停地从沙发上跳到茶几上。我担心她被玻璃扎到了，一次次地告诉她，不能这么跳。但我说完后，她居然跳得更起劲了。在萌宝看来，能引起我的注意就是她做事最大的动力。这样一来，我的批评简直就成了鼓励她继续的话了。

她还喜欢趁我不注意，自己到电脑桌上，或去高处拿一些自己够不到的东西。当我发现了抱她下来时，她却怎么也不下来。并且，我好不容易抱她下来了，她还会再次上去。我真是不知道怎么办了！

有一天中午，萌宝又开始折腾了。我有一堆家务活要干，心里想着把她哄睡着了，我好赶紧干家务活。谁知道萌宝不睡觉，还偏要拉着我讲故事。按说这要求也不高，那就讲吧。可我一讲故事她又不听，自顾自地玩起了她手中的东西。我说："闺女，你自己先玩会，我去收拾家。"我这一说可不得了了，她立马哭得像个泪人一样。

有时候，我觉得自己被萌宝弄得团团转。她犯错误了，我忍不住伸手打了一下她的屁股，可打完以后看着她眼泪吧嗒吧嗒往下掉的样子，我又后悔了。

小孩子犯错误很正常，也许是我要求太多，太情绪化了吧。

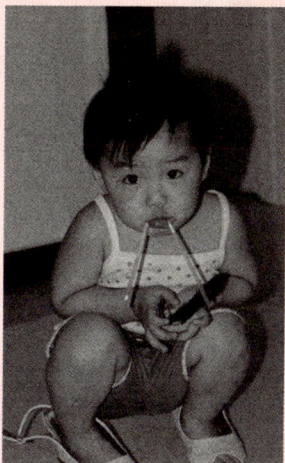

▲ 小丫头有自己的主意，做什么事情她都会坚持自己的想法。

辣妈养女经

萌宝真是个让我又爱又无奈的小丫头，她有自己的主意，做什么事情都有自己的想法。并且，她还经常干一些大胆的事，让我提心吊胆的。

24
两岁生日，除了玩，还是玩

＊　　＊　　＊

2010 年 6 月 9 日，这一天是萌宝的生日。

一想到萌宝 2 岁了，我就特有成就感。

那段时间萌爸正好出差，在萌宝生日的前两天才赶回来，萌宝对爸爸表现出了十二分的热情。在萌爸进门的那一瞬间，她迎上去左亲右抱的，亲个没完，愣是把我羡慕坏了。

6 月 9 日，我和萌爸一大早带着萌宝上街。丫头昨天不小心擦伤了脸蛋，脸上留下了一道伤疤，早晨醒来眼睛也是肿肿的，平时大大的双眼皮居然变成了单眼皮。尽管这样，萌宝走到街头，依旧很惹人注目，路上总有人夸赞萌宝长得好可爱。

中午，我们简单地在外面吃了午饭，又到饭店订了晚上的宴席，和她 1 岁生日时一样。我们每次给宝贝过生日，都会请亲戚朋友一起聚餐吃个饭，今天依旧请了两大桌朋友。晚上不到七点到了饭店，萌宝一如既往地淘气，不停地上下楼梯，一会也不消停，折腾个没完，任由大人们吃吃喝喝。

平时，一贯喜欢叫人的萌宝，在人多的场面居然也有点胆怯，说话低声细语。朋友们个个都抢着抱她。一开始，她还表现出一副很配合的样子，可没过一会脸上就不高兴了。

可以说，萌宝对过生日完全没有概念，除了玩还是玩！

辣妈养女经

2 岁的萌宝对过生日还没什么概念，只是和一些小朋友开心地玩。但对我来说，每年萌宝生日这天都是我最难忘、特别值得回忆的一天。

25
有女儿的幸福日子

✿ ✿ ✿

当妈妈最幸福的就是陪着孩子慢慢长大！

看见宝贝白色的小牙，我会很开心；看见宝贝生病，我会担心得要窒息；看见宝贝快活地玩耍，我会充满了当妈妈的幸福感。

我的心每天都被小人儿填得满满的，那种当妈妈的幸福感经常让我忘了自己身在何处。

有了女儿以后，我深刻地体会到了为人父母的快乐。

每天和宝贝腻在一起，她的每一点成长都让我欣喜不已。

我喜欢打扮萌宝，也蛮佩服自己，每次给萌宝买的衣服，她穿上的效果都很不错。萌宝本来就是个人见人爱的漂亮小丫头，穿上漂亮衣服就更漂亮了，我看在眼里，乐在心里。

现在，萌宝的探索欲很强。她喜欢人多的地方，爱东奔西跑。

见了没见过的东西，她也喜欢探究一番，有一种不达目的誓不罢休的探索劲头。

并且，萌宝2岁以后，力气变得更大了，体重也越来越沉了。看着长大的萌宝，我体会到了满满的幸福。

▲ 和女儿在一起，我体会到了当妈妈的幸福！

辣妈养女经

家有小女万事足。现在，我越来越有当妈妈的样子了，虽然有时候难免会对孩子大吼大叫，但平常的日子里还是幸福满满。看着长大的女儿，所有的付出都是值得的。

在爸妈眼中，
萌宝不但是千金，
还是公主！

第四章

2~3岁：小女当家，调皮捣蛋爱折腾

转眼间，萌宝都过两岁生日了，长大了，也越来越淘气了。小丫头的调皮捣蛋常常让我这个老妈不知所措。经过一次次被女儿作弄，我才逐渐意识到：原来陪着孩子成长，父母还要学会和孩子斗智斗勇才行。可以说，陪着这个倔强的小丫头成长的日子，也是我这个当妈的逐渐成熟的过程……

1

小女谎报军情，当爸爸的"小情报员"

❋ ❋ ❋

两岁后，萌宝会说的话更多了，也学会传递"情报"了。

一次，萌爸去出差了，丫头心里特惦记，时不时跟我嚷嚷，要给萌爸打电话。她打电话，也无非就是问爸爸"在干什么？""好不好？"之类的话。

并且，每次打电话，她都爱和萌爸说："爸爸！你妈妈非要打电话！"（"你妈妈"指我，萌宝还搞不清"你""我"）说完了，她又来了一句："爸爸，妈妈给叔叔打电话！"

我一听，当时就惊呆了。这小丫头真会乱说，我给哪个"叔叔"打电话了。自从嫁给萌爸，我的手机也就成了和萌爸联系的专用手机了，最多是和家人通话。

这时，萌爸让我接电话，问："孩子说你给叔叔打电话，叔叔指的是谁啊？"我丈二和尚摸不着头脑，说："谁知道她在讲什么啊？……"稀里糊涂结束了通话。

没过几天，丫头又给萌爸打电话："爸爸，妈妈在厕所里给叔叔打电话！"我晕倒！当时我正为丫头煮面呢。这丫头说话太奇怪了，这还不得让萌爸误会啊！

果不其然，萌爸又让我接电话，问道："怎么孩子又说你在厕所给叔叔打电话？"当时，在厕所里打电话的是萌宝的90后大姐，人家正给对象打电话呢。谁知，萌宝竟然说成了我！直到萌爸听到萌宝姐姐讲话，这才把事情搞清楚了。

萌宝谎报军情，让我太郁闷了。

▲ 萌爸出差后，丫头心里惦记老爸，爱跟我嚷嚷，要给萌爸打电话。

辣妈养女经

别看萌宝才两岁，语言能力可是突飞猛进。平时，她能正常地和人交流了，只是有时候常常会信口开河，让人误会，真是一个小捣蛋呢。

2
两岁萌宝，踩着椅子给妈妈做饭

* * *

萌宝长大了，会心疼妈妈了！当萌宝无理取闹时，我会被折腾得抓狂；而当她懂事时，我又会被感动得不知所措。

趣事一：踩着椅子给妈妈做饭

我给萌宝讲熊猫宝宝给生病的妈妈做饭的故事时，故意逗闺女说："妈妈生病了，你会不会给妈妈做饭呢？"萌宝想了想，说："妈妈，我给你做饭，可是我够不着啊！"我摸着闺女的头说："那你自己想想办法喽！"后来有一次，我又给她讲熊猫宝宝给生病的妈妈做饭的故事，萌宝抱住我的胳膊说："妈妈，等你生病了，我也给你做饭吃，我踩着椅子给你做饭。"看着闺女认真的小模样，我好感动！

趣事二：不吃奶，谁也不能吃了

断奶后，小丫头一直都没有再要求吃奶，只是每次一不小心碰到，就会羞涩地说："妈妈，不吃（奶）了，谁也不能吃了。"不管怎样，断奶总算成功了。

趣事三：做错事了，赶紧讨好妈妈

遇到自己做错事时，萌宝看妈妈脸色不高兴，总会跑过来搂住我说："我爱XXX（我的名字）！"这丫头，反应实在太快了！真让我哭笑不得。并且，一见我说不舒服，她也会跑过来，摸摸我的额头，问："妈妈，你烧不烧？"

在不知不觉中，闺女就长大了，也越来越有自己的想法了。在家里，我和萌爸都不敢小看萌宝了，有时她说的话就跟大人似的，有时又故意捣蛋，真是一个可爱的小天使！

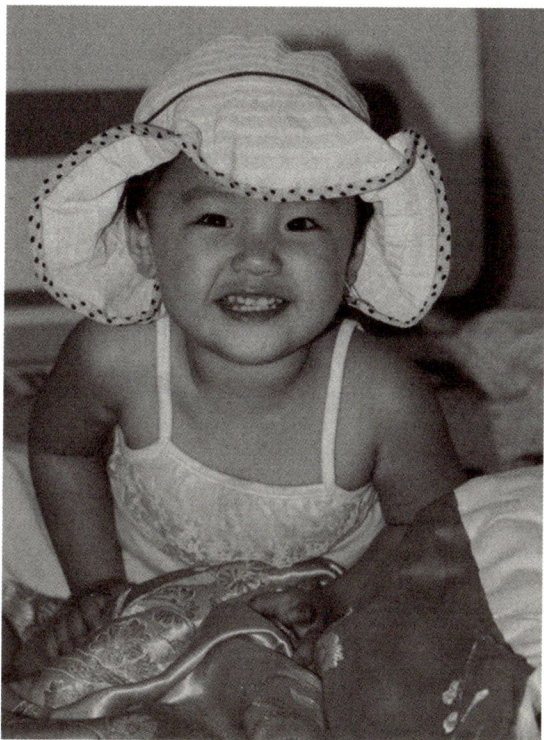

▲ "妈妈，等你生病了，我也给你做饭吃。"

辣妈养女经

萌宝真的长大了，也越来越淘气，能折腾了。不过，想到闺女知道心疼妈妈了，再累也值得！不过，她的模仿力很强，我和萌爸平时说话做事也更小心了。

3
勤劳的小蜜蜂
✳ ✳ ✳

▲ 萌宝像一只勤劳的小蜜蜂，干什么都是来也匆匆，去也匆匆！

现在，萌宝喜欢帮妈妈干活了。

在哺乳期，我头发掉得厉害。而萌宝经常帮我把掉下来的头发扔到垃圾筐里。有时候，扔到垃圾筐里的头发会跟着萌宝的手再次飞出来。每当这时，她都会惊奇地"哎"一声，再次把头发丢到垃圾筐里。看到萌宝帮着妈妈干活，我高兴得合不拢嘴，真正体会到了当妈妈的幸福！

萌宝像一只勤劳的小蜜蜂。平时，我洗衣服她总是会跑过来帮着揉搓，还像模像样地学着妈妈的样子，用洗衣皂往衣服上来回地擦几下，再揉揉。每次都弄得满地都是水，可我心里还是很高兴。

有时，萌宝吃完饭就会跑到厨房，拿来擦桌布就擦拭茶几，这小丫头不经意间的举动就会让我感动万分。

并且，萌宝还经常帮我拿相机等常用的东西，真是妈妈的好帮手。

最近，萌宝还喜欢上了扫地，你还别说，萌宝干起活来那小模样还真像那么回事。每次你扫地，她总是过来把你的扫帚抢过去，她来扫地。虽然经常扫不干净，但我的心里还是甜甜的。这至少可以说明萌宝知道干活了，懂得帮妈妈了，是个有爱心的孩子。

嘿嘿！萌宝就是个勤劳的小蜜蜂！

辣妈养女经

有时试着让孩子帮大人的忙，可以培养孩子的责任感。并且，有时大人还可以假装需要照顾，让孩子体会到帮助别人的快乐。当然，这时大人要及时称赞宝宝。

4
让女儿自己动手

✽ ✽ ✽

萌宝一天天长大，带给了我太多的惊喜。

我一直记录着女儿成长的点点滴滴，包括萌宝的每一个进步：59天会翻身，4个月会坐，5个半月会爬，到7个月会站，1岁的时候第一次叫爸爸等，太多太多的第一次了。这些成长过程我记在了日记里，更记在了心里。

事实上，有一段时间，爱自己动手的萌宝特别好奇，看见什么都爱动手动脚。这让我很为她提心吊胆。平时，我不让她做的事情，她偏偏要去做，常常搞得我焦头烂额的。有一次，她刚从沙发上掉下来磕破了头，结果又从商场的椅子上栽了个跟头，我是眼睁睁地看着她摔倒的，难过了半天。

萌宝的独立性也非常强，从1岁多开始，她每次吃饭都要自己吃。一开始的时候，萌宝还不会用勺子，她就自己用手抓着往嘴里放。到了2岁以后，萌宝会自己用勺子了，每次吃饭她都会主动拿一把勺子，自己一口一口地吃，也不用妈妈管了。

现在，萌宝干什么都不需要妈妈引导了，几乎都是自己做。萌宝是超级喜欢折腾的宝贝，没事就爬爬桌子，抓抓鱼。我每天紧跟在萌宝后面，不管多么细心，也仍旧避免不了她受伤。每次她受伤，我都很心疼。

后来我想通了。孩子大了，必须独立成长，自己动手很重要，每个宝贝都是在受伤中成长起来的。萌宝大了爱自己动手，难免会受伤，这是我这个当妈的控制不了的。我既然控制不了，就只有放手了，这样萌宝也才能真正地独立起来！

辣妈养女经

让孩子自己动手，这是孩子独立成长的关键。妈妈要学会放手让孩子去做自己的事，这样孩子才能更好地成长！

5

为自己鼓掌加油，还拉人一起鼓掌

*   *   *

萌宝越来越淘气了，说话、做事也越来越逗了。有时候说的话、做的事，真让人哭笑不得！

片段一：学妈妈，丫头喊爸爸"老公"

萌宝每次看到我喊老公，就学着我喊："老公！"并且，当她有求于萌爸时，也会喊"老公，老公"！

片段二：爱打电话，和人家猛侃

萌宝爱打电话，只要我拿起电话，她必定会抢过去先说上几句。不管对方认识不认识，她也能说上话，和人家一顿猛侃。并且，有时候她突然想起谁，也会拿起电话让我拨过去。

片段三：背诗后，自己鼓掌加油，还拉人一起鼓掌

萌宝每次背诗后，总是会先说声"鼓掌""你真棒"，说完自己鼓掌，为自己加油。接下来，如果看到别人没反应，她就会拉起你的手让你一起鼓掌。呵呵。

片段四：爸爸，你不要靠近妈妈

萌宝喜欢给妈妈做主，遇到萌爸跟我说话声音高点，她就会不高兴。并且，萌宝也不愿意看见萌爸靠近妈妈。只要我俩挨得稍微近点，萌宝准会走过来推开爸爸，严肃地说："爸爸，你不要靠近妈妈！"萌爸好无奈！

片段五：妈妈，你看我无聊的

萌宝有时候会故意做危险动作，同时冲我大喊："妈妈，你看我无聊的！"我晕！这可是我平时的口头语啊！要不然，她就说："妈妈，你看我多危险，救命，救命！"哎呀，我的闺女啊！什么都知道，却偏要这么做，真是让我这个老妈为难啊，批评也不是，不批评也不是。

辣妈养女经

有时候，我觉得萌宝好孤单，身边的小伙伴太少了。可能等她上幼儿园了，就好了。不管怎样，我希望闺女每天都是快乐的！

6
断奶后，隔三差五就感冒
✳ ✳ ✳

▲ "我生病了，扎针有点疼，
吃个棒棒糖就好了。"

孩子生病，家长和孩子都怕吃药打针。但我发现，孩子其实比大人想象的更坚强，好好跟孩子商量，就会取得好的效果。我家萌宝做皮试得20分钟，她也只是一开始哭了两声，后来就不哭了，也没有了害怕的表情，还和我聊起天来。真是个坚强的好孩子！

自从断奶后，萌宝的抵抗力差了不少，隔三差五就会流点小鼻涕。一开始，我没太当回事，但一天天过去了，我发现光靠扛是不行的。其实，孩子生病了，孩子和家长一样怕吃药打针。

最近，萌宝的情绪不太好，我一直比较担心。到了晚上，萌宝早早就睡下了。我贴着她的背听了又听，感觉呼吸不是特别顺畅，有点"呼啦呼啦"的痰鸣声。当时，我吓坏了，以为丫头有肺炎了。半夜，我一次又一次醒来，贴着萌宝的背听了又听，还是感觉有痰鸣声。

天亮后，我简单收拾了一下，就带萌宝去了医院。医生给萌宝听了听肺部，说没有肺炎，我揪着的心才算踏实了。不过，医生又告诉我，孩子感冒了，去化验个血吧，看看需不需要打点滴。结果检查发现，萌宝属于病毒性感冒，最好是输液。

后来，我们到注射室做皮试。丫头一看见大夫拿的针剂，就害怕起来，缩手不让医生碰。我连哄带骗让闺女伸出了手。做皮试大概20分钟左右，闺女只是一开始哭了两声，然后就好了。看来，闺女比我想象的要坚强啊！后来，萌宝打了4天点滴，病才彻底好了。

去了几天医院，萌宝一到家就会拿起充电器等，对着我像医生一样听起来，还正儿八经地说："妈妈，你有炎症，得消消炎！"或用小手摸摸我的额头，说："妈妈，我看你烧不烧。"这小丫头，还会学医生给妈妈看病呢，呵呵！

7

萌宝趣事（一）："你别生气，我爱你！"

* * *

▲ 随着女儿一天天长大，她每天都有说不完的话，问不完的问题！

萌宝大了，话也越来越多了，每天都有说不完的话，问不完的问题。并且，不管闺女做什么，没事就喜欢大声喊"妈妈"，让我过去。被女儿天天这么黏糊着，我有时感觉很享受，有时也会没耐心，女儿太能折腾了！

哄妈妈："你别生气！我爱你！"

小丫头越来越会讨妈妈喜欢了，遇到我不高兴，总是搂住我的脖子，贴着我的脸说："妈妈，你别生气！我爱你。"然后，用力狠狠地亲我两口。这下，我一点脾气都没有了。同样，遇到爸爸生气了，大声对她说话，她也会说："爸爸，我爱你！"这个时候，即使她犯了再大的错误，我们都没办法再继续生气了。这小妮子真是太能把握大人的心理了。

大声对妈妈说"谢谢"

萌宝现在自己就能解决吃饭、喝水、尿尿、便便等问题。平时，我帮她干了什么事，她会大声说："谢谢妈妈！"有时候我犯懒，会说："闺女，给妈妈接杯水，好吗？"她立马说："哦！好的，谢谢！"哈哈！她帮我做事还谢谢我，太有意思了。

把妈妈抓疼了，事后心疼妈

小丫头有时候还有些小暴力，不高兴的时候还会抓我。有一次，我下巴被她抓了一道血印子。我不高兴了，批评了她几句。她一副无辜的样子，像特别心疼我一样，还上前摸了摸我。

威胁妈妈："不抱我，就不给弟弟海苔！"

一天中午，我带萌宝买了两袋海苔，她说要给弟弟送去。我带她来到姐姐家，刚走到楼门口，她就嚷嚷道："妈妈，抱抱我！"我说："你自己走，好吧？都这么大了，不能总让妈妈抱了。"谁知她来了句："我不给弟弟海苔了！"天呐！她居然会威胁妈妈了。

想吃雪糕："我舔舔行不？"

萌宝咳嗽了，医生说是肺热，不能吃凉的。回到家里，我吃冰糕还没吃完，她忍不住问我："妈妈，我能不能给你拿着？你吃啊！我舔舔行不？"

我羞愧万分，说："要不你就舔舔吧！"她又摇摇头，说不吃了，怕咳嗽。

后来，她忍不住还是想吃雪糕，就趁我不注意，自己偷偷拿了一根。我发现后，没忍心不让她吃，告诉她少吃点。萌宝却很听话，只吃了半根就放到冰箱里了。

萌宝折腾起来特别闹腾，但有时候又特别懂事。

萌宝病好后，我带她去店里买吃的，问她："闺女，给你买点棒棒糖吧！"

她却说："妈妈，不吃糖，爸爸说吃糖牙疼。"

说完，售货员阿姨笑了："这孩子真逗！"

辣妈养女经

萌宝2岁多以后，特别喜欢交朋友。每次遇到比她大或小的孩子，她都会特别高兴地去摸人家的脸蛋，或搂人家的脖子。并且，这小丫头还特别喜欢当大姐姐！呵呵。

8

萌宝趣事（二）：对萌爸说"不许欺负妈妈"

✱　✱　✱

女儿大了，乖巧了，也特别招人稀罕。

我每次带萌宝去逛街，一路都会赚来好多回头率，常常有人止步逗她。逛商场时，好多商场的阿姨也都会抱抱壮壮的小丫头。萌宝也相当配合，不管是脸熟的还是陌生的，通通以微笑面对。

▲ 不知不觉中，闺女都长成一个小"淑女"了！

护着妈妈，对萌爸说："不许欺负妈妈！"

每次我和萌爸斗嘴，或是萌爸故意拍我，丫头都会第一时间扑过来护住我，冲爸爸说："不许欺负妈妈，你走开！你赶紧去玩游戏吧！"把萌爸赶走后，萌宝会用安慰的口气对我说："妈妈，爸爸真讨厌，赶走他！"哈哈！这小家伙，还真以为我和萌爸打架呢！

"妈妈，你爱我吗？"

很多时候，丫头都爱没事跑来，搂着我的脖子说："妈妈，我爱你！"有一次，小丫头一反常态，问我说："妈妈，你爱我吗？"看着她特别认真的口气，我给愣住了。等我反应过来，赶紧抱着她说："爱你，爱你，妈妈最爱你了。"丫头又搂住我说："妈妈，我也爱你！"

学电视上的镜头："妈妈，你也亲亲我！"

晚上看电视，丫头看到电视上有一个男生亲女生的脸颊，就马上抱住我的头，学着电视上的样子狠狠地亲了我一口，还说："妈妈，你也亲亲我。"我问："你是不是学人家电视里呢？"丫头哈哈大笑："嗯，我就是学电视里呢。"我晕，看来以后看电视也得注意点了！

"妈妈，发财买车"

晚上睡觉前，我们母女俩爱疯玩一会儿，丫头最爱说："妈妈，发财买车！"她把我平时的话都学去了，没事常问我："妈妈，我要上幼儿园，不和小朋友打架！"呵呵！萌宝有一阶段总爱打人，我就告诉她，去了幼儿园不能和小朋友打架，结果她全记在心里了。

"妈妈，我也要买板的，买上我拉你"

我没事爱带女儿上街闲逛，习惯坐当地的人力三轮车，俗称"板的"。有一次打"板的"，刚走几步，丫头就嚷嚷道："妈妈，我也要买板的，买上我拉你。"我问她拉我去哪儿，她清楚地说出了我家的地址，这小丫头，记性也太好了。

谦让弟弟："真是个小讨厌！不听话！"

萌宝真是长大了，懂得对小朋友谦让了。不管是比她大的，还是比她小的，当她看到别人不高兴了，她就会把手里的玩具先让给别人玩。每次弟弟来家里玩，萌宝都很有大姐姐风范，不管是自己多喜欢的玩具，只要弟弟哭闹着要，她就会很听话地让给弟弟。随后，她嘴里还会嘀嘀咕咕道："真是个小讨厌，不听话！"我和姐姐听后，只能在一旁偷笑。

现在，萌宝会让着别的小朋友了，这让我很欣慰。我一直告诉萌宝："学会与人分享，懂得谦让别人，才是好孩子！"她总是很认真地冲着我点点头。

辣妈养女经

萌宝虽说年龄还小，但她的处事能力和独立性已经非常强了。并且，小丫头的心思也越来越细密了，说的话，做的事，经常让我惊讶不已。

萌宝趣事（三）：早上叫妈妈起床

9

* * *

萌宝晚上睡着后，我就自由多了。

通常，每当萌宝一睡着，我就爱上会网，写点东西。于是，晚睡就成了一种习惯。

第二天，通常我就起得比较晚。而萌宝总是先醒，一般先喝点酸奶，之后就去折腾萌爸。

如果萌爸起得比较早，我还能贪睡一会。但如果萌爸也在睡觉，那丫头就会来掀我的被子，在我耳边叫嚷："妈妈，你快起来！快起来给我煮面吃，我饿了。"

我求饶地说："嗯，你让妈妈缓5分钟，马上起来啊！"

等了一会，如果我还不起床，萌宝就会再次大声叫道："妈妈，赶紧起来！再不起来，我就拉你胳膊了啊！"说着，她就开始拉我的胳膊，要把我拽起来了。这时，我就算再困也睡不成了。

等我做好早饭，萌宝也吃不了多少。因为吃早饭之前，她已经吃了好多零食了。

有时候，我早晨起来晚了，萌宝早上起来就会和萌爸一起去楼下买东西。

有好几次，萌爸回来都告诉我："这小屁孩，也太会哄人了！当着我的面，说妈妈讨厌，和爸爸好，等到了你跟前，又说和你好。"

哈哈！我狂笑道："这小丫头也太会哄人了！"

平时，萌宝出门还喜欢让我抱着。每次上街，萌宝总是偷懒不爱走，让我抱。我真拿她没办法，她身高快1米了，又那么重，我都快抱不动了。所以，平时一说要上街，我就头疼。真是甜蜜的负担啊。哈哈！

辣妈养女经

淘气萌宝一天的趣事真是太多了。自从有了孩子，生活也变得不一样了。虽然有时我也会心烦，但若一天听不到丫头稚嫩的声音，我的心就平静不下来。也许，所有当妈妈的都会有这种感觉吧！

10
淘气女儿,看不得爸妈有亲密举动

* * *

有段时间,萌宝总是不让爸妈亲近。

有一次,萌爸出差了好几天,好不容易办事回来,我们就互相拥抱了一下。谁曾想,萌宝一看这情形,马上就急了,上前一把推开萌爸,大声喊道:"你别搂妈妈,你走开!"萌爸真是哭笑不得。然后,萌宝不由分说将我拉开,扑到了我的怀里。

现在,小丫头看不得我和萌爸有半点亲密的举动。不管什么时候,只要萌爸挨着我坐下或是躺下,小丫头一准就急眼了,又是喊又是叫的,直到把萌爸赶走才算了事。萌宝爱冲爸爸说:"你别挨着我妈妈。你讨厌!"即便赶不走萌爸,小丫头也会狠狠地"拍"萌爸几下。

有一天早晨,我迷迷糊糊地被萌宝推醒,她嚷嚷着肚子疼,要上厕所。我帮她开灯后,又溜进房间想再眯一会。

上床后,我顺势躺在了萌爸身边,手搭在了萌爸身上。没过一会,闺女从卫生间跑了出来,一看这情景就生气了,马上把我的手从萌爸身上拉下来,大声说:"妈妈,你把手拿开啊!你不准搂爸爸!"

看闺女生气的样子,我赶紧把手拿开,忍不住问她:"宝贝,为什么不让妈妈搂爸爸?"

萌宝特别干脆地来了一句:"别搂爸爸,你搂我!"这时候,本来睡得正香的萌爸也笑出了声。

那段时间,萌爸和我搭个肩,丫头也会不开心。

11

萌宝受伤："我不哭，我是坚强宝宝！"

* * *

秋天，天气越来越凉，小丫头却像一个假小子，每天午睡都有个脱衣服的习惯，喜欢脱光了睡。每天在家，萌宝也都喜欢脱了鞋，光着脚丫子满地乱跑。并且，小家伙每天都风风火火的，走路像跑一样，还经常摔跤。

摔伤后，才知道疼

一天早上，我正忙着，忽然听到"咚"的一声。萌宝摔倒了，"哇哇"大哭起来。我赶紧抱起了萌宝，只见她头上瞬间就鼓起了一个大包，这可把我给吓坏了。我一边帮她揉脑袋，一边问她："宝贝，疼不疼啊？"她撇着嘴，眼泪汪汪地说："疼，好疼。"

"我不哭，我是坚强宝宝！"

有一次，萌宝流鼻涕，我偷懒，心想锻炼锻炼她，就让她自己去卫生间拿纸。萌宝很听话，自己跑到卫生间去拿纸。结果，手被放纸巾的铁器拉了一个深深的大口子，这可把我给吓坏了。

看着萌宝出血的手，我特自责，歉意地抱着她，连声说对不起。萌宝意识到我伤心了，就搂住我说："妈妈，我不怕！你待会给我贴个创可贴就好了。"看着懂事的闺女，我更心疼了。萌宝还安慰我说："妈妈，没事的，我不哭！我是坚强宝宝。"说着，她还伸出手冲我做了个"耶"的手势，女儿真是太懂事了！

▲ 萌宝外表看起来像一个很文静的小妮子。其实呢，她是个爱玩、爱动的"蛮横小子"。

"我是好宝宝，我打针不哭！"

萌宝的手受伤的那天晚上，我带萌宝去了她奶奶家。萌奶奶看萌宝受伤了，为安全起见，就让萌爷爷带萌宝去了医院。医生把闺女的伤口处理了一下，告诉我们，第二天要记得带萌宝去打一针破伤风。

第二天，我和萌爸一大早就带着萌宝去了医院。医生看了一下萌宝的伤口，说打一针就可以了。我一直担心萌宝打针会哭，安慰她说："宝贝，咱是坚强宝宝，待会叔叔打针的时候，可不要哭哦！"萌宝很懂事，冲着我点点头。做皮试的时候，医生安慰萌宝说："叔叔轻轻扎一下就可以了，不要害怕哦！"萌宝看着针，很紧张。医生扎针时，她一直没哭。

随后，医生、萌爸和我都夸萌宝好棒。萌宝对我说："妈妈，我是好宝宝！我打针不哭，弟弟打针就哭。"我摸着她的头说："对，我的宝贝闺女是最棒的！"

医生对萌宝说："小丫头，在2岁多的孩子中，你是我见过的最坚强的宝宝。真了不起！"

听到叔叔的夸奖，萌宝笑得小嘴都合不拢了。

在医院，给萌宝脱裤子打破伤风针剂时，她有点退缩了。我和萌爸又安慰了她几句，小丫头才同意打针。刚开始打针时，萌宝没哭，最后要拔出针时，她可能真感觉到疼了，就忍不住哭了几声。我和萌爸赶紧说，要带她去超市，买她最爱吃的东西。小丫头才破涕为笑。

萌宝爱动、爱玩，虽然平时我都很注意，但有时真是防不胜防！还好萌宝懂事了，受伤了也很坚强。萌宝真是长大了呢！

辣妈养女经

萌宝碰伤后，我一般都会迅速地给闺女擦一些香油，这可以缓解孩子的疼痛。并且，如果是碰着了脑门，抹上点香油还可以让大包在短时间内消下去。

12
我 "孕傻" 了，生个孩子傻 3 年
*　*　*

怀孕的时候，我就常听人说："一孕傻三年。"意思是说，怀了孕、刚生了孩子的女性，记忆力会有衰退的迹象，常常会丢三落四。

说实话，刚开始我觉得这些话没什么根据，也不相信。但在很多事实面前，我不得不相信：生完萌宝后，我不止是 "傻了三年" 的事，而是变得 "痴呆" 了。

出门，老怀疑自己没锁门

有一天下午，我带萌宝去玩滑梯。大概走了 10 分钟，离家已经有好一段距离了，我才突然意识到，好像没锁门！我使劲拍了拍自己的脑袋，反复问自己："我到底锁门没有？"终于，我忍不住和萌宝说："闺女，要不咱们先回家一趟吧！我好像没锁门。"萌宝见状，急得直说："妈妈，你锁门了。我看见你锁门了啊！"我对萌宝的话将信将疑的，又想到都出来这么远了，先去玩吧。但在萌宝玩滑梯时，我还是无法安心。于是，萌宝没玩一会滑梯，我就急着带她回家了。到家后，发现门果然锁着，我这才长长舒了一口气。

刚用完东西，一放下就找不到了

在家时，我经常刚用完东西，一放下就找不到了。然后就像没头的苍蝇一样乱找一通，实在找不着时，我就只有求助萌爸了。有时候让萌爸帮我找东西的次数多了，他都会被我弄烦，可见我是多么健忘。

▲ 女儿越来越机灵，我却 "孕傻" 了！

给萌爸买烟，硬是忘买了

我带萌宝出去买东西，萌爸千叮咛万嘱咐，让我帮他带一盒烟。我"嗯嗯"地答应着，还郑重其事地说："放心吧，我的记性哪儿有那么差。"但当我拎了一堆东西回来后，才大拍脑门说："呀！忘了买烟。"看来我的记性真是不行了。

没生萌宝时，我有时候记性也差，但也没差到这个份儿上啊。

自从生完闺女后，我的记性是真的变差了，有时感觉就像得了"痴呆"。看来，我真的是"孕傻"了。

有好多次，我出了门觉得自己没锁门，就返回家检查，直到确定锁门了，才再次出去。有时，我甚至回家检查过了，还怀疑自己没锁。我这个脑瓜啊，真是不中用了。

有一次，我把我的遭遇和一个朋友说了，朋友告诉我："生个孩子傻三年，萌宝还没到 3 岁吧？看来你还得继续傻下去。"我晕！难道我还要继续"傻"下去啊？

辣妈养女经

其实，新妈妈记忆力衰退是正常现象，可尽量小睡一会儿，足够的休息能够让大脑保持清醒。还可多喝水，吃些富含铁的食物，让血液更多地流向大脑。总之，在爱孩子的同时，我们也要学会关爱自己，把自己调整到最好的状态。

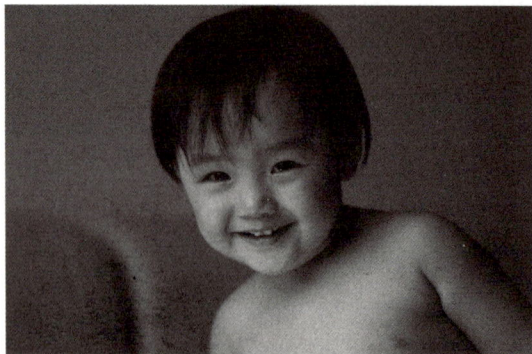

▲ "出水芙蓉"，像花儿一样的笑脸！

13
下雪拍照，要顾及女儿的感受

* * *

冬日的一天早晨，我和萌宝懒懒地从被窝里钻出来，习惯性地看了眼窗外，居然下雪了！

我特兴奋，萌宝比我还兴奋。小丫头还没穿衣服，就"蹭"地光着脚丫跑到窗户前看雪去了。她一边高兴地叫嚷着，一边又蹦又跳地拍着窗户说："妈妈，下雪了，真好看啊！"我看闺女这么高兴，决定带她出去美美地拍几张照片。

我给萌宝穿得像个小包子一样，拿上相机就出去了。刚一出家门，她就在雪地上高兴得手舞足蹈的，还自言自语地说："妈妈，下雨了，真好啊！"

我赶紧提醒她："宝贝，是下雪了，不是下雨，夏天才下雨呢。"

萌宝高兴地直点头："嗯嗯！妈妈，下雪真好！"

看着美丽的雪景，我打算给小丫头好好地拍几张照片。刚开始，萌宝只顾玩雪了，对拍照很是反感，我只好耐心地劝她说："宝贝啊，好不容易下了一场雪，你配合妈妈拍点照片好不好啊？"

在我的"威逼利诱"之下，萌宝答应配合我拍照了。只不过小丫头一直撅着小嘴，有些不高兴。我问闺女："下雪好玩吗？"萌宝嘟嘟着嘴说："下雪好玩，可是妈妈总给我拍照，我不喜欢！"

看来，今后做事，我要先顾及一下女儿的感受了！

辣妈养女经

女儿萌宝长大了，有各种各样的需求，也有了自己的想法。看来，以后我要多给女儿点选择的自由，尊重她的意愿了。

14
疯狂辣妈,迷恋网购

＊　＊　＊

自从萌宝出生后,我就疯狂地迷恋上了网购。

平时,小到袜子帽子,大到单反相机,凡是能在网上买到的我都习惯在网上买。网购一度让我痴迷到连饭都顾不上吃。

每当看到网上那些眼花缭乱的物品,我都恨不得全部都搬回家里才觉得过瘾。每次付款输入密码,卡里的钱不断减少,我却不觉得心疼!

痴迷网购一度让我成了一个彻底的"败妈"。不到两年时间,我就从菜鸟级升级成了一个黄钻买家,实在过瘾。同时,网购也给我带来了很大的乐趣。从此,我再也不用去商场挤来挤去了。关键是,每次逛商场,我都累得腰酸背痛,还不一定能挑到自己喜欢的衣服。网购时,我可以一边在家陪着闺女,一边把需要买的东西搞定。这对于一个全职在家带孩子的妈妈来说,可是方便了不少。

我网购主要是给闺女买。闺女的衣服差不多都是网购来的。给闺女买衣服,我最注重的是健康舒适。为了避免尺寸不合适,我通常都会提前给闺女量好尺寸,再和店家提供的尺寸对比一下,这样买回来的衣服就不会差太多。

我对网购特别痴迷,特别是给闺女买东西,从来不吝啬,只要看到喜欢的一准就会买回来。

辣妈养女经

网购还有秒杀之类的促销活动,非常划算。我经常能捡到不少"小便宜",每次也都是收获颇丰,当然银子也花出不少!

15
费心打造漂亮宝宝

* * *

▲ "妈妈，你看我漂亮吗？"

自从有了萌宝，我痴迷于逛各种童装店。每次看到好看的童装，我总是忍不住买几件回来。总之，只要是我看上的衣服，我都会买回来的。没结婚前，我逛商场都是给自己买衣服。而如今，只要看到童装店，我就想进去看看。

有一次，我带妮子去逛商场，几个售货员阿姨老远看到萌宝就夸赞不停。有个阿姨还说："要是我家有个女孩子，我一定也这样打扮她。你看人家这小妮子打扮得多带劲！"

听到有人这么说，我心里很高兴。随后，萌宝捂嘴大笑。我问妮子怎么了，萌宝说："妈妈，人家都笑我呢，哈哈！"我忍不住大笑，告诉她："宝贝，阿姨们那是在夸你呢，不是笑你呢。"

一开始我给萌宝买衣服，只要看到漂亮的就会买，常常忽略了萌宝穿着是否舒服这个问题。所以，每次买的衣服萌宝穿着很好看，但未必舒服。

记得有一次去北京，萌爸带着萌宝出去玩了一天，回来时带回来一大堆给萌宝买的衣服。我一边翻看衣服，一边唠叨，埋怨萌爸不该买这么肥大的衣服。萌爸听了很不以为然，他认为孩子穿着舒服最重要，漂亮不漂亮在其次。

后来，我再给萌宝买衣服，也先看舒适度了。看来，要想扮靓女儿还让她穿着舒服，还真需要费点心思。

辣妈养女经

给孩子买衣服舒适第一，美观第二。综合这几年给孩子买童装的经验，我总结出一句话，那就是："只买对的，不买贵的！"

16
大冬天吃雪糕，原来真的很凉

❋　❋　❋

冬天，萌宝吃完午饭就睡午觉了。

下午，我带萌宝去了公园。小丫头很兴奋，一会要买这个，一会要玩那个。看她那么高兴，我尽量满足着她的要求。

在公园逛了一圈，萌宝的精神头越来越足，也越来越兴奋。而我穿了高跟鞋，脚丫子被磨得钻心地痛，再加上萌宝的要求越来越多，我的火气有点大。

不过想想，这并不是萌宝的错。

回家时，我平复了一下情绪，想要弥补对女儿的歉意，问萌宝想吃点什么。随后，萌宝在一家小超市买了一堆她喜欢吃的零食。结账时，萌宝说："妈妈，我要吃冰糕！"天气很冷，我跟萌宝说，天冷了不能吃雪糕。但她不依不饶，坚持要买。

看来小丫头是没在大冬天吃过雪糕，不知道什么叫凉啊。既然这样，我就买了雪糕给她，并告诉她："你既然买了，就要都吃完。"

从小超市出来，萌宝吃了几口雪糕，觉得太凉了，就央求我说："妈妈，我不吃了，我嫌凉！"我赌气说，既然买了，就应该吃完。

旁边一位老大爷听到我和闺女的对话，乐了，并告诉我："这么冷的天气，别让孩子吃凉的了，小心感冒了。"

我"嗯嗯"地答应着，但想到萌宝执意要买雪糕的情景，又觉得应该趁这次机会，让她知道冬天吃雪糕的确很凉，下次她就不会这么坚持了。

回家的路上，萌宝可能觉得雪糕实在太凉了，就没再吃，半根雪糕一直拿在手里。

辣妈养女经

孩子长大了，会有各种各样的需求。大人要学会控制好自己的脾气，及时和孩子进行沟通。在这方面，我还需要反省。但对于孩子的无理要求，在商量未果后，我有时也会让她自己体会一下后果。

17

萌宝无理取闹，我居然当街咆哮

* * *

从小到大，在亲戚眼里，萌宝都是出了名的淘气包。

但萌宝虽然淘气，却也一直是个可以讲道理的孩子。每次她做错事，对爸妈的批评也能够欣然接受。我和萌爸也一直夸女儿很乖巧，和爸妈一起上街很少乱要东西。

但这天我带萌宝上街，她却有点无理取闹，不管看到什么，都要求我买给她。

刚开始，我觉得有些东西可以满足她，就都给她买了。没想到，她的要求越来越多，看见什么都想买。路过一个杂货摊，她看到口罩居然也要买，一边拉我的手，一边嚷嚷："妈妈，天气太冷了，你给我买个口罩吧，我都快冻坏了。"

其实，虽说现在是冬天，但最高气温都 12℃了，怎么可能冷。对于女儿的这个要求，我说什么都不答应。但她不依不饶的，说什么也不走，真让我有点生气。

当时，商场里的人很多，我不想让女儿太没面子，也不想失态，便耐心地说："有些东西可以买，但有些东西不是你玩的。咱不买了，好不好？"

萌宝不听，继续摇着头，带着哭腔说："妈妈，你给我买，我就要！"

我被萌宝整得心里乱极了，狠狠推开她，说："不要看到什么都想买，好不好？如果你坚持要买，那你自己去买吧，我走了！"说着，我就假装往前走。萌宝从没遇到过这种情况，显然有点害怕了，大声哭了起来。

我一看萌宝眼泪吧嗒吧嗒掉的小模样，又觉得孩子

▲ 给萌宝买的小挂件。

可怜，不住地安慰她。结果，萌宝很不情愿地被我拉走了。

没走几步，路过玩具店，小丫头再次不走了。她把玩具挨个拿起来，一会要这个，一会又要那个。

我挑了几件适合她玩的，她完全不理会，自己选了一些不适合她玩的小玩具，那是年龄比她小的小宝宝才会玩的。我只好再次跟她讲道理，又僵持了很长时间。

中午该回家了，结果闺女说什么都不回去，执意要再去刚才涂画的地方去涂画。我彻底被她弄崩溃了，失去了耐心。在众目睽睽之下，我大吼大叫，对女儿发了脾气，也无心再顾及别人如何看我这个当妈的了，也不管女儿是否会被吓坏，歇斯底里地咆哮着。

记得家里老人总对我说："对于孩子提出的要求，对的，可以满足，不对的，则坚决不能满足。如果一味地满足孩子提出的各种要求，只会让孩子越来越娇纵。"

当时，我还特别理直气壮地告诉她们："放心吧，我爱孩子是有原则的。再说，我家萌宝是个懂事的孩子，通常我们给她讲道理就可以了，她是不会提出无理要求的。"

现在，我意识到了，或许一直以来，我对女儿的教育方式还需要调整。但要如何做才是对的呢？我真的犯难了。

辣妈养女经

曾经，我看到年轻的妈妈当街对孩子发脾气，总是想不通，总觉得妈妈为什么就不能多一些耐心呢。如今到了我头上，我居然也当街咆哮了一把。发完脾气，我心里难过极了，为一直找不到对的教育方式而头疼，也为女儿受委屈而内疚。

18
孩子被打，妈妈怎么办

＊　＊　＊

孩子被打，对妈妈来说是一件很纠结的事。

有一天，我带着萌宝到广场上玩，那里有一个可以坐摇摇车的地方。我还没换钢镚，她就冲着摇摇车去了。当时，有一个摇摇车上坐着一个三四岁的小男孩，他看见萌宝要坐车，扑过来就要打。我看着心里特别不痛快，怕萌宝被打了，就想拉她走开，可任我怎么说她都不走。

拉不开萌宝，我只好去换钢镚，她也高兴地去坐摇摇车了。没玩一会，萌宝看见旁边有零食柜台，便叫着要吃零食。我没多想，便去零食柜台买东西，还时不时回头看她。

就在我回头的那一刻，我看到小男孩冲着萌宝就是一巴掌，萌宝很可怜地看着我。我愣了一下，急忙跑过去。小男孩伸手又要打萌宝，我下意识地用力把他的手挡了回去，问："萌宝没招你没惹你，干吗要打人家啊？"

这时，小男孩的父母冲过来了。小男孩的妈妈不由分说，直接在我胳膊上来了一巴掌。小男孩的爸爸则虎视眈眈地看着我，问我为什么要打他的孩子。

我根本没打小男孩，真是又气又急。慌乱中，我给萌爸打了个电话。萌爸当时在天津出差，接通电话他叫我别着急，他立马叫朋友过来处理这事，便挂了电话。

我和对方一直僵持理论着，小男孩的妈妈一直特别嚣张，萌宝都被吓着了。

在我不知所措时，萌爸的朋友来了。对方一看这情形，之前的嚣张气焰也没有了。小男孩的爸爸对我说："你看，都是小孩子打架，你还至于叫人吗？"我说：

▲ 孩子打架大人要及时阻止，心平气和地去处理。

"如果我不叫人，你们也不打算就此罢休啊。我的孩子挨了打，结果我还要受你们的欺负。" 小男孩的爸爸只是责怪我阻挡小男孩时太用力了。

萌爸的朋友希望他们给我道歉，这事就算了。小男孩的妈妈则一直都没有要道歉的意思，自始至终都骂骂咧咧的。

围观的人越来越多，都劝我们算了。僵持了好长时间，找不到解决办法，只好报了警。

警察来了，问清事由，希望我们能够互相道歉。小男孩的妈妈不道歉，我也坚决不道歉，最后只好去了派出所。

而萌宝和小男孩则怯生生地看着这一切，不知道到底发生了什么。

后来，我渐渐恢复了平静，心想这事也没什么大不了的。真是不至于闹到这种程度。可能每个父母面对孩子被打，都很难保持理智吧。

辣妈养女经

遇到爱打人的孩子，家长一定要带孩子离远点，以免发生不必要的矛盾。同时，就算发生了矛盾，家长也要尽可能保持理智，心平气和地去处理。

19

父女情深，我倒成了"第三者"

* * *

2岁以前，萌宝一直特别黏我，特别排斥萌爸。当时我还着急，觉得闺女和萌爸有点疏远。令我想不到的是，随着闺女越来越大，她对萌爸竟越来越依赖了，这大大出乎我的意料。

萌爸在家的时候，萌宝遇到大事小事，总喜欢喊爸爸帮忙。有时候做错事被我批评，萌宝也会找爸爸。每天一见不到爸爸，闺女还会让我给萌爸打电话，可怜巴巴地说想爸爸了。每次我要独自外出买东西，萌宝也总会洒脱地和我说"拜拜"，然后乖乖地和爸爸在家里玩。

现在，看着父女俩的热乎劲儿，我反倒有点小醋意了。

有一天晚上吃完饭，我们三个步行回来的路上，萌爸抱着闺女走在前面，我穿着7厘米的高跟鞋，一边在后面喊"你们等等我"，一边一瘸一拐地追赶着。

谁知，父女俩听到我这么喊，居然加快了脚步，跑了起来。萌爸一边跑，还一边大笑："谁让她穿高跟鞋呢，我们跑快点！哈哈！"

我穿着高跟鞋，溜达了一下午的脚丫子早就受不了了。可那父女俩根本不理会我，在前面跑着，笑着，闹着。

我弓着背，弯着腰，一瘸一拐地追赶着。还是闺女对我好，看到我如此狼狈，大声对爸爸嚷嚷："爸爸，你别跑了，你等等妈妈！"

看着父女俩嬉戏打闹的情景，我居然有点小失落。

▲ 萌爸这个大男人，陪着闺女讲故事时那叫一个认真啊！面对女儿，原来萌爸也有如此细心的一面！

🌹 **辣妈养女经**

不经意间，萌宝和萌爸已经建立起了深厚的感情。而我这个从小带萌宝长大的妈妈，倒像个局外人了。在欣慰的同时，我还有点小失落。

20
女儿强吻老妈，我狂晕

❋ ❋ ❋

我带萌宝外出，晚上近8点才回来。从楼下路过时，恰巧看到一对情侣在拥抱亲吻，我赶紧拉闺女快走。而小丫头偏偏好奇，说什么也不走，还问我："妈妈，阿姨和叔叔在干什么？是不是要结婚啊？"

我赶紧捂住她的嘴，并小声提醒她："宝贝啊，咱说话声音小点，好不好啊？"说着我就要拉她走，而闺女却非要看人家亲热。没办法，我只好抱起丫头匆匆走开。

这时，萌宝紧紧地搂住我的脖子，撅起小嘴冲我凑了过来。

我茫然问："你要干啥？"萌宝回答："妈妈，我和你也亲嘴，像他们一样！"说着，她就要抱着我的头"强吻"。

我赶紧推开她："宝贝呀，你亲妈妈一下可以哦，但是不要这样亲，好不好啊？"萌宝白了我一眼："我看人家就是这样亲嘴的！"我晕倒！

回到家，我想给萌宝解释清楚，就拉过闺女说："闺女啊，妈妈告诉你啊，只有结了婚的夫妻或是情侣，才可以那样亲热的……"萌宝似懂非懂地点点头，问："妈妈，你和爸爸结婚了，是不是就可以那样亲嘴了？"哎呀！真是越解释越乱了。

没过几天，电视上男女主角亲吻的镜头又被萌宝看见了。小丫头又抱住了我，准备学着人家的样子，"热吻"老妈。我赶紧推开她，又一轮耐心的解释上演了。

萌宝的好奇心越来越强了，什么都想知道，这真让我这个老妈为难。

辣妈养女经

当满大街的情侣毫无顾忌地亲热时，当电视剧播放亲热镜头时，我只能尽量避免让宝宝看到。但面对孩子的好奇，我也只能耐心给孩子解释。

21

吃芒果过敏，小脸肿了一圈

* * *

▲ 闺女一直都是过敏体质，芒果过敏以后，脸蛋肿了一圈，嘴角也坏了。

快3岁时，萌宝吃芒果过敏，结果脸肿了一圈，嘴角都坏了。

早在萌宝更小的时候，她就有过一次芒果过敏，得了皮炎，那时不太厉害，我也没太在意。之后，家里就再也没有买过芒果。谁曾料到，前几天，萌爸带着闺女去看望一位生病的朋友，人家热情地送给萌宝几个芒果吃，结果就出现了严重过敏。其实，当时我也是疏忽了，忘了阻止她吃芒果。

头几天，我也没在意，觉得萌宝过几天就会好起来的。结果过了好几天，萌宝也没好，嘴唇四周还起满了小水泡，连成了一片一片的，到最后竟然蔓延到了整个脸上。

我不敢再疏忽大意了，赶紧带萌宝上了医院。在医院经过检查，皮肤科的医生说："宝宝就是芒果皮炎的症状。"然后就给开了一些抗过敏的药，还开了硼酸，说是用来敷脸，减轻肿胀感的。

我问闺女："以后还吃芒果吗？"

萌宝很懂事地摇摇头："妈妈，我才不要吃芒果呢，以后碰都不碰了。"

我摸摸她的头："对，你以后再也别吃芒果了。你是过敏体质，吃这些东西会惹得小脸痒痒的。"

她用力地点点头："我再也不吃芒果了！"

那些天，看着萌宝肿得大了一圈的脸蛋，我心疼极了。小丫头完全像是变了一个人似的，眼睛也肿了，脸上全是红疹子，我心里好难受。

辣妈养女经

萌宝过敏以后，我查了相关知识，得知宝宝特别容易出现芒果过敏。因为儿童的皮肤都很薄、很嫩，容易受到刺激，并且其自身的免疫力本来就不强，对引起过敏的毒素没有抵抗能力。萌宝是过敏体质，所以过敏就比较严重。看来，以后她真是要和芒果彻底"绝交"了。

▲ 可爱的萌宝，是不是"回眸一笑很倾城"？

22
闺女尿床怎么办

❋　❋　❋

　　2 岁多的萌宝很有生活自理能力。

　　平时，萌宝不管是坐、站、走、跑等都很自如了。不到 1 岁的时候，她就会用筷子吃饭了。2 岁的时候，萌宝就会自己穿衣服了。最令我不解的是：萌宝怎么还在尿床。

　　不到 1 岁的时候，萌宝就不用尿不湿了，夜里都是我抱着闺女把尿。一般要是我夜里起不来给她把尿，她才会尿床。

　　晚上萌宝睡了以后，我习惯写点东西或上网。这时，只要看见闺女翻身的动静比较大，我就知道小家伙又要尿床了。

　　而等我入睡以后，因为我通常睡得比较晚，半夜起不来，所以就经常忘记给她把尿。但我一翻身，经常就会翻到闺女尿的地方。而这时萌宝睡得正香呢，我就在下面给她垫点东西接着睡。

　　有一天，我对闺女说："闺女，你晚上想'嘘嘘'（撒尿）的时候，一定要告诉妈妈，或者推推妈妈，好不好？要不你尿床了，睡着也不舒服。"闺女一本正经地看着我，认真地说："妈妈，我以后不尿床了，我想'嘘嘘'的时候就叫妈妈。"我摸着闺女的头说："嗯！这才是听话的好宝宝。"闺女当时是很爽快地答应了，但接下来还是会尿床。

　　我以为孩子大一点就不会尿床了。看来不是这样的。

23
纠结：毁掉我二胎梦的原因
* * *

萌宝还小的时候，我曾跟人说："以后一定要给闺女再生个妹妹做伴。"

那时候，我想生二胎的愿望是那么强烈。曾经一度觉得：萌宝上幼儿园的时候，也就是我要个二胎的时候。可时间一天天过去了，我却发现自己要生二胎的心越来越不坚定了。

有一次，朋友问我："你这二胎到底打算什么时候要啊？只听见你嚷嚷，看不到你行动啊。"我突然不知怎么回答，支支吾吾，也说不出个所以然来。

其实，毁掉我二胎梦的原因主要有以下几个：

其一：担心有了老二，会疏忽对萌宝的关心

说实话，萌宝还处于逆反期，我每天被她折腾得焦头烂额的，总是控制不住情绪，有时候就会冲闺女发脾气。我担心如果生了二胎，我对萌宝就更没耐心了。一想到自己到时不能全心全意去爱萌宝，我就会觉得对不起闺女。虽然老话常说："手心手背都是自己的肉！"可如果有了个更小的，萌宝得到的关爱肯定会急剧减少，要做到"一碗水端平"太难了。妈妈总会有偏袒一方的时候，并且多数会偏袒小的那一个。

其二：生二胎会降低生活质量

养两个孩子的经济问题是必须要考虑的。眼下，萌宝还没有上早教班、兴趣班、幼儿园等，日子倒也轻松，但她的吃喝、穿衣、玩具等，也是一笔不小的开销。如

▲ 萌宝和表弟在一起，好像姐弟一对。由于住得比较近，他俩时常一起玩，可能俩孩子实在长得太像了，别人常常误以为他俩是亲姐弟。

果再要个老二，生活质量肯定会降低。与其那样，还不如把全部都给了萌宝。

其三：一个人带孩子精力有限

从小到大，萌宝都是我一手带大的。当了这么长时间全职妈妈，我感觉自己早就和社会脱轨了，有点跟不上时代的节奏了。好在萌宝一天天长大了，我也轻松了不少。如果再突然要个老二，我真担心自己的精力不够。说实话，要再过一遍打仗一样的混乱日子，我心里真没底。

其四：坐月子的生活度日如年

最后这个原因看似不重要，但对我来说却非常关键。刚生萌宝的那段日子，我真感觉自己出现了产后抑郁的症状，想起来就不堪回首。那时候，因为产后的身体和心理不适，我每天都过得阴沉沉的，简直度日如年。我真的没有信心再去重复那种日子了。

之前我一直觉得，等到萌宝3岁了，我就可以再要个老二了。可事实上，如今萌宝快3岁了，我却迟迟没了行动。

说实话，我真的很矛盾。我一直觉得独生子女太孤单，每次看到萌宝对别的小朋友热情的样子，我就特别想给她生个妹妹或是弟弟，给她找个小伙伴。可每次一想到要二胎这个现实问题，我又怕了。

当初，我的想法很简单：一是想给闺女找个玩伴；二是觉得孕育一个新的生命是件很神奇的事。可当现实问题摆在面前，我才知道，原来生个二胎远没有想象中的那么简单。

辣妈养女经

每次遇到朋友，她们总爱和我说："想要二胎，就趁年轻。"可我现在真的不敢要了。二胎梦，想说爱你不容易啊！

24
闺女因父母的亲密举动而发飙

* * *

妈妈一手带大的孩子，会对妈妈超乎寻常的黏糊。

之前，女儿就看不得我和老公亲热，当时总觉得，这可能是因为他们父女相处的时间太少，所以才会排斥。

后来，随着他们父女的感情越来越好，我以为三口之家终于可以"和平共处"了。可让我不理解的是，萌宝还是看不得我和萌爸有半点亲密举动。

在闺女面前，我和萌爸一向都很"本分"，也很"守规矩"的。只是有时候我在做饭的时候，萌爸为了向我献殷勤，会习惯性地拥抱我一下。而萌宝只要看到这个情景，就会立马急眼。每当这时，她都会迅速地跑过来，强行把萌爸拉开，并指着萌爸很严肃地说："哼，你别抱我妈妈，欺负人，讨厌你！"每当这个时候，我和萌爸都会耐心地给闺女解释。但萌宝不爱听我们解释，常常是白我们一眼，撅起小嘴很生气地来上一句："哼，不理你们了。"

有时候，萌宝还会因为我们的一点点亲密举动，而被我们惹得发飙。只要晚上睡觉萌爸在我身边躺下，萌宝的情绪就会变得很糟，并直到把萌爸赶走为止。

萌爸给闺女解释："咱们三个是一家人，应该在一起。"萌宝反驳爸爸："我不让你挨着妈妈睡。妈妈是我的。"每当这个时候，萌爸只有无奈地抱着被子走开。即便是这样，萌宝也常常会被惹得哭上一鼻子。

辣妈养女经

一直以来，萌宝都把我当成了她的"私人物品"，别人是碰不得的。小丫头的心思真是让人琢磨不透，话说现在他们父女俩的感情已经很好了，为什么闺女还那么排斥爸爸妈妈的亲密举动呢？唉，猜不透，就只能先尊重闺女的做法了。

25
家有淘气女，控制情绪不容易

✳ ✳ ✳

3岁的萌宝正处在叛逆期，不喜欢我对她指手画脚的。

这天下午，午觉睡醒后，萌宝想要下楼去骑自行车。当时天气不太好，所以我一直没有答应。可架不住闺女的不断央求，我只好给她穿上衣服下楼了。

我提着童车下楼梯，闺女在后面叫我："妈妈，你等等我！等等我！"我对她吼道："没看见我提着车子吗？你怎么一天没完没了地提要求啊！"萌宝一看我的样子，也不敢再说什么了，乖乖地跟在我的后面。

后来，她开始有点怕我了，每次做错事，看到我一脸怒气，就会胆怯地看着我，并用哀求的口气说："妈妈，我错了，我以后不这样了。"

有一天上午，我一边收拾家务，一边自言自语地唠叨。萌宝跑过来说："妈妈，是不是爸爸和我一样不听话，每次都把家里折腾得乱乱的。"听着闺女稚嫩的话，看着她乖乖的模样，我不知道该怎么回答。或许在不知不觉中，我已经伤到了女儿。

在萌宝心里，我可能就是一个喜欢挑毛病的妈妈。其实我也知道，孩子还小，难免淘气。可我有时候就是控制不住冲她发脾气。看着萌宝懂事的样子，我突然意识到，闺女长大了，不再是什么都不懂的小丫头了，她有着自己的小心思和小想法。看来，我以后真要试着控制一下自己的脾气了！

辣妈养女经

孩子淘气是本能，可我为什么总是以大人的标准要求孩子呢？看来，我要静下心来好好反思一下了。只在物质上满足女儿是不够的，我还要学会顾及女儿的想法。

26
家有小女万事足

✳ ✳ ✳

萌宝3岁了，却像个5岁的宝宝。

我带小丫头外出，当别人听说她才3岁时，总是表现得很惊讶。有的叔叔阿姨问她几岁了，她会摆弄着手指头，伸出3个手指头。有时候，她会只伸出2个手指头，然后再告诉别人3岁了，这常常逗得大家很开心。

萌宝3岁了，也越来越逗了。有一次，我带萌宝上街，路过一家婚庆店，她说什么也要进去买个红包。无奈之下，我拿出一块钱让她自己进去买。

小妞子跑到店里，还真买了两个红包。但当她迫不及待地打开红包后，却一脸失望地说："妈妈，这红包里面怎么没有钱？"我当时被逗得都要噗嗤乐出来了。然后，我跟她解释说，红包里面的钱都是大人买了之后才放的，如果买的红包里面都有钱，那卖红包的商家就亏大了。这下萌宝才明白了。

大年初一，我们去了萌宝爷爷奶奶家。萌宝上楼累得直喘气，也不休息，直接跑到爷爷奶奶身边说："爷爷奶奶过年好，给点压岁钱吧！"逗得爷爷奶奶直乐。我不好意思地拉过萌宝，说："小孩子直接讨要压岁钱是不礼貌的哦。"

哈哈！萌宝真是我们家的开心果。

不过，萌宝确实长大了，已经开始意识到钱的用处了。看来，萌宝经常看到妈妈花钱买东西，也知道钱是用来干什么的了，哈哈！

辣妈养女经

家有小女万事足！有了女儿，我才体会到当妈妈的乐趣。

亲亲的宝贝，
希望你永远
健康快乐。

第五章

3~6岁：和女儿一起成长

萌宝热情好客，非常善于交流。不论是比她大的，还是比她小的，她都能很快和人家打成一片。她还是出了名的淘气包，时常在家里想着法的"搞破坏"。在萌宝的各种"杰作"下，家里的墙壁早就画得像地图一样了。并且，萌宝还是个爱臭美的小丫头，时常会来点"小暴力"。伴着闺女的成长，我也渐渐成熟起来……

1

闺女成了强势小辣妹

* * *

把女儿培养成小辣妹，还是培养成小淑女？

一般来说，妈妈都喜欢把女孩培养成文静、温柔、善良的小淑女。

但面对霸道的孩子时，该怎么办呢？要教育女孩做个强势的小辣妹，还是做个温婉的小淑女，这好像是妈妈们的一个难题。

虽然女孩的性格大部分是天生的，但很多情况下也与后天教育有关。

早在我怀上萌宝时，家人就很肯定地说："瞧着吧，这孩子将来一准是个淘气的孩子。"其实说这话是有根据的。在萌宝没出生时，她就喜欢在我的肚子里拳打脚踢的，一点也不安分。

出生以后，随着萌宝一天天长大，她的性格越来越泼辣了，那些女孩子的矜持全没了。

曾经我一度觉得，女孩子就应该是温柔的、乖巧的。可在萌宝身上，我完全看不到这一点。她更像是一个假小子，每天风风火火的，敢说敢干，做事也没有什么畏惧感。

我和萌爸带她外出吃饭，遇到不熟悉的人，我都有点不好意思。可萌宝同学天不怕，地不怕，不管多少陌生人，她都会先来个自我介绍。有时候，她甚至还会给人家介绍我这个妈妈。

邻居的孩子大多数都比萌宝大，可我感觉，萌宝俨然一副"大姐大"的形象。当小朋友做的不对的时候，她会很强势地给人家讲一番"大道理"。

▲ 萌宝简直就是个强势小辣妹，跟别的小朋友在一起，总是喜欢去抱人家，也很容易和别人打成一片，成为好朋友。

在萌宝2岁以前，我总是阻止她去做一些事情，怕她有危险。事实上，萌宝并没有听我的，她对什么事都充满了好奇，也敢于去尝试。

和萌宝相处的时间长了，我越来越了解她的性格了。有时候，当同龄的小朋友害羞地躲在妈妈身后不敢出来时，萌宝会主动上前，和这些不认识的叔叔阿姨介绍自己。直到这时我才发现，或许，女孩子泼辣一点也没什么不好，我又何必总是去阻止女儿呢。

我从小就是个柔弱的女生，有事喜欢藏在心里。确切地说，我甚至觉得自己有时候有点懦弱。记得小时候，不管是年龄比我大，还是比我小的孩子，也不管是男孩子还是女孩子，他们都敢来欺负我。

现在回想起来，自己小时候真是有点太淑女了。那时，每次挨打后，我就只会回去找妈妈哭诉，而妈妈也总是告诉我，做人要大度点、宽容点、谦让点。我本来就是个特别柔弱的人，在妈妈的教育下，我变得愈发淑女了。

说实话，我很讨厌自己柔弱的性格：拿不起，放不下。而萌宝的性格和我恰恰相反，她一直是个敢说敢干、有点强势的小辣妹。

那么，既然这样，就让闺女继续保持火辣辣的性格吧，强势小辣妹也没什么不好，可别像我一样太淑女了。

辣妈养女经

萌宝同学本来就是个泼辣的小女生，但她从来不会欺负别人，这点我还是比较放心的。而我也会告诉她："你不能欺负别的小朋友。但是当别人不断攻击你时，你也一定要学会反抗和自卫。"

2

抓狂：女儿网瘾惊人

✲ ✲ ✲

有段时间，萌宝迷上了电脑小游戏，每天一睁眼就嚷嚷："妈妈，我要玩游戏。"说着，就自己把电脑打开，很熟练地玩起小游戏来。

有一天晚上10点，我和萌宝在外面玩了一阵后回到家，本来以为丫头一回来就会睡觉的。没想到我刚给她洗完澡，她就光着屁股跑到了笔记本跟前，又开始了新一轮的游戏。任我怎么说，她都不肯睡觉，一阵讨价还价后，还是闺女赢了。她说："妈妈，你就让我玩几分钟吧！"结果这一玩又过去了好长时间。

到了12点，萌宝还攥着鼠标不肯放手，我开始意识到问题的严重性，这孩子有点上网成瘾了，真得及时制止了。

然后，我好一阵威逼利诱才把萌宝从电脑跟前弄走。陪着闺女躺在床上，我感觉小丫头明显有点心不在焉，可能还惦记着小游戏呢。

我故意装睡，同时暗中观察萌宝，想看看她的举动。这小丫头根本没有睡意，我发现她也在用眼睛偷瞄我，我心想："难道她在观察我是否睡了？想要等我睡着了，就偷偷跑到电脑跟前接着玩？"这时，正好萌爸过来了，我赶紧把这个情况告诉了他。萌爸对萌宝好一顿说教，闺女才乖乖睡觉。

现在，电脑这么普及，不让孩子接触电脑也不可能。那么，如何防止孩子上网成瘾，就成了一个问题。

▲ 刚开始，萌宝接触电脑只是因为好玩。没想到，她后来居然上网成瘾了。

辣妈养女经

可能是我平时上网太多了，才会在不知不觉中让萌宝也上网成瘾了。看来，归根到底还是我这个当妈的失职。以后，我必须要克制下自己了。尤其在女儿面前，可不能肆无忌惮地长时间上网了。

3
淘气丫头情商高

✱ ✱ ✱

最近，萌宝越来越淘气了，也越来越爱臭美了，每天不停地从衣柜里翻腾自己的衣服，挨个试穿一遍，丢得满地都是。没事还喜欢把我的高跟鞋从鞋柜里拿出来，一双双穿着玩。家里本来就乱，她这一弄就更乱了。我本来就不喜欢收拾家，她这样折腾，让我特别头疼。

萌宝还喜欢吃冰激凌，夏天更是疯狂地迷恋，她常常把冰箱里的冰激凌挨个打开，然后每个上面咬一口，喜欢吃的会吃上一半，不喜欢吃的全部丢给萌爸，以至于萌爸每天都要替闺女消灭 N 个冰激凌。

萌宝哄人有一套，整人更有一套。萌爸从来没有怕的人，现在让闺女给整得一点脾气也没有。闺女告诉他不能抽烟，他立马掐了；闺女告诉他少喝酒，他马上就答应。呵呵！还别说，看着女儿把萌爸整得服服帖帖的，我心里还挺解气的。

那段时间，萌宝同学只要看到我不高兴，或是想要让我抱抱，总是跑到我面前不停地唱："妈妈，爱我你就抱抱我！……"然后迅速地扑到我的怀里。紧接着，小丫头还唱："妈妈，爱我你就夸夸我！"直唱到我夸她为止。最后还唱："爱我，你就亲亲我吧！"说着，小脸蛋就凑过来了。嘿嘿！这个时候即便我再不高兴，也被女儿逗开心了。

老话常说：儿大不由娘。我现在完全体会到这句话的意思了。每天看着这个伶牙俐齿的小丫头，真是好气又好笑。

4
萌宝要上幼儿园了

✳ ✳ ✳

萌宝要上幼儿园了！我和萌爸心里都很忐忑，不知道这个小丫头到了幼儿园会不会适应。

平时，萌宝在家就很淘气。真不知道她上了幼儿园会怎么样。每天，只要小丫头一醒来，她就像只叽叽喳喳的小鸟，一会也停不下来。特别是每天早上一睁开眼，她就走到电脑前，轻车熟路地玩起各种小游戏。我提醒她注意眼睛，她总是"嗯嗯"地答应着，可手里的鼠标却没停。看来，是该送闺女去幼儿园了，否则天天这样下去也不行啊。

我办入园手续的时候，萌宝一个人跑到幼儿园的院子里，挨个玩了个遍。这个淘气妞向来泼辣，我真担心她入园后会和别的小朋友起争执。

办完手续后，我要带萌宝离开幼儿园，这小妮子还不高兴呢，一直嚷嚷着："妈妈，我不走，我要在幼儿园和小朋友玩。"

我告诉她："人家小朋友们都在睡午觉呢，你也不能玩了。明天我们再来，好不好？"

萌宝说："妈妈，我也要和小朋友们一起睡午觉。"

嘿！这丫头。真不知道等她真正入园了，还会不会这么想。

我突然发现，闺女入园，我有好多事情都会担心，心里突然有了一种乱乱的感觉。

萌宝要上幼儿园了，我担心她不适应，也担心她和别的小朋友发生争执，总之很纠结。

辣妈养女经

萌宝要上幼儿园了，我心里乱乱的。但这是闺女必须面对的，好在萌宝的自立能力一直很强，在家里的时候，她就自己的事情自己办。在这方面，我对萌宝还是挺放心的。

5
女儿入园两周总结

* * *

▲ 入园两周了，萌宝已经适应了幼儿园的生活。早晨入园之前，萌宝还会自己往书包里放一些小零食。

时间过得真快，萌宝入园已经两周多了。

第一天入园，萌宝在幼儿园门口和妈妈分开的时候还有一点要掉眼泪的样子，不过她一直克制着，最后还是忍住了。而我这个做妈妈的，回家的路上一直担心。后来，我就到外面晃悠了一天，一直等着接闺女了。

下午接闺女的时候，我问闺女开心不，她一直说开心，还告诉我说，她喜欢幼儿园。这让我感觉放心多了。看来，闺女比妈妈想象中的还要坚强，也没有那么黏我。

让我没想到的是，第二天早晨起床的时候，小丫头一会高兴得直嚷嚷，一会又情绪不好了，还说不想去幼儿园了。一看这情形，我是好一顿劝说，好在闺女很容易说通，又开心起来。我送丫头到了幼儿园门口，丫头也没有哭，只是我还一直处在焦虑中。

第二天接闺女的时候，幼儿园老师告诉我：萌宝一天都表现得很好，独立性很强，而且喜欢照顾别的小朋友。午睡的时候，她还帮别的小朋友盖被子，并当上了小班的班长。

只是，萌宝午睡睡得不太踏实。看来，刚入园，萌宝还不太适应。不过，她能表现得这么好，我已经很高兴了。

不过，老师告诉我，虽然现在萌宝还没有出现排斥入园的情绪，但是接下来的几天，可能就不爱入园了。这是因为好多宝宝刚开始是因为好奇、新鲜，所以不哭不闹。而一旦过了这个新鲜劲，很可能就会出现不喜欢入园的情绪。

果不其然，接下来的几天，每天晚上萌宝都会哭着对我说："妈妈，我明天不想去幼儿园了。"

我问闺女："为什么呢？你不是喜欢去幼儿园吗？"

闺女回答："我不想去幼儿园睡觉。你别让我去了。"没办法，我只好安慰了闺女一番。

好在经过我每天早晨的劝说，闺女都很配合地入园了。这让我很欣慰。

其中有几天接萌宝，她都会告诉我："妈妈，我今天在幼儿园没哭，睡觉的时候也没哭。我棒不棒啊？"我对闺女竖起大拇指："萌宝，你真棒！"听到奖励的萌宝立马变得兴高采烈的，这又让我好一阵心疼。

只是一到晚上睡觉之前，她都会说几句不想再去幼儿园的话。早晨入园之前，也会出现一点小情绪，其余的时间都还不错。

有一天，幼儿园上了一堂分享课，萌宝回来就告诉我："妈妈，明天带一些好吃的给我。我上分享课了。老师告诉我们，要懂得和别人分享，分享自己的快乐，分享自己喜欢的。我想把自己的食品分享给别的小朋友。"我家萌宝真是长大了啊。

十几天过去了，萌宝已经适应了幼儿园生活。每天早晨，她会自己起来，乖乖穿上衣服，然后准备一些零食放到书包里，高高兴兴地入园。每次拿零食，她还会告诉我："妈妈，多给我拿一些。我要和其他的小朋友一起分享我的小食品。"

看着萌宝超强的适应能力和自理能力，我很欣慰。我只想对她说："萌宝，你真棒！"

辣妈养女经

萌宝入园期间，因为各种小问题耽误过几次。有一回感冒，一下就耽误了两天，好在小丫头体质不错，喝了两天药就扛过去了。

▲ 萌宝入园后，反反复复生病，真是让我这个当妈的心疼。

6
入园不到2个月，生了3场病
* * *

萌宝入园前，好多妈妈告诉我：入园后，孩子容易生病。

刚开始，我还没太在意，觉得萌宝平时的抵抗力还比较强，也没有担心这个问题。但随着天气越来越冷，我才了解到这句话的分量。

萌宝入园后不到2个月，断断续续生了3次病。有一次，闺女在家一休就是半个月。好不容易养好了一些，结果刚去幼儿园一个礼拜，又咳嗽了。

我去接闺女的时候，看到她咳嗽的样子，真是又着急又心疼。我以为这次萌宝也会像上次那样，喝点药就扛过去了。可没想到，到了晚上，萌宝咳得越来越厉害了，我听见她呼吸的声音特别重，嗓子里有很重的痰鸣声。

第二天早晨，我也没送萌宝去幼儿园，而是先带她去了诊所。这才知道萌宝支气管发炎了，只好打吊瓶了。

好在萌宝很坚强，做皮试和扎针，她都没有哭，只是喊了一声："好痛！"然后就和没事人一样了。看着丫头的小脸蛋，我好心疼。

萌宝生病了，我的心情也糟糕透了。还好，闺女虽然生着病，精神状态还不错，有说有笑的，还是那个小疯丫头。可是每次看到她咳嗽，小脸憋得通红，我心里真不是滋味啊。

真希望闺女快快好起来，让妈妈不再担心。

辣妈养女经

萌宝刚入园，我和她都有不同程度的焦虑。好不容易过了那段时间，我们母女都适应了这种生活模式，结果萌宝又开始生病了，真是让人纠结。

7

女儿生病，遭遇误诊

* * *

萌宝入园后时常感冒，尤其是咳嗽，好了又反复。

我家在北方，冬天家里温度高，又干燥，而室外又出奇的冷。萌宝爱吃一些凉性的东西，也不忌嘴，所以咳嗽一直也没好利索。萌宝的鼻孔在抠过之后，出了几次血，所以我就带她去了医院。

在医院，医生先让萌宝拍了胸片。一位实习大夫看了说："这有点不对，我还是找个老大夫给你看看。"说着，她把片子交给了一位老大夫，老大夫看后说："孩子的肺好像感染了，也可能是心脏病。"需要进一步检查，做心脏彩超。

当时，我脑子就蒙了，差点哭出来。然后，我迷迷糊糊地拿着片子去找了儿科大夫。

大夫让我带孩子去做彩超。我急忙给萌爸打电话，萌爸一听，还假装镇定，告诉我："别着急。也许是医生忽悠你呢。"我根本没心情听这些，让萌爸赶紧来医院。

做完了彩超后，大夫告诉我："没问题。孩子一切正常。"我发誓，这是我当时听到的最动听的一句话了。我虽然心里还有点担心，但不再像刚才那样紧张了。

而那个实习大夫居然告诉我："回去注意观察一下孩子，看看是否有发青之类的情况。"我真被她搞死了，这个时候她还能说出这样的话。

最后，我又忍不住去找了那个儿科大夫，大夫告诉我："是的，不会有问题的！"真是让我虚惊一场。

辣妈养女经

家长带孩子看病，本来就心急，医生不经意间的一句话，就可能让家长更加心急火燎。这次误诊，真是吓坏了我。

▲ 入冬后，我对女儿的穿衣和饮食都很注意。

辣妈养女经

看来，孩子上幼儿园了确实容易生病。并且，冬天屋里温度太高，外面温度太低，孩子也容易感冒。这个时候，尤其要注意孩子的穿衣、饮食。否则稍有大意，孩子就会生病。

8
第一次高烧40℃
✳ ✳ ✳

上幼儿园后，萌宝就经常感冒、咳嗽。这时不宜吃凉的，所以，她每次说想吃冰激凌，我都拒绝了。

后来，萌宝好了些，再次提出要吃冰激凌。我想她身体好了，就给她买了些。结果，她连着吃了三天，再次生病了。冬天，家里取暖比较好，温度高，萌宝连着吃了几天冰激凌，出现了呕吐和拉肚子。

一天下午，萌宝开始发烧了，精神也不好。她一直黏着我，要不就哼哼唧唧的，不喜欢玩了，也不爱动了，就喜欢躺在那里。这下我开始紧张了。

通常萌宝生病，精神状态也会很不错的，这次可能是严重了。并且，以往她发烧超过 38.5℃，吃点退烧药就能退烧，也不会反复。而这次，我除了给她吃退烧药，还吃了感冒药。但到了晚上 10 点多，萌宝不仅没退烧，体温还烧到了 40℃，人迷迷糊糊的。我赶紧抱她去了医院。

医生建议先打一个退烧针剂，然后去化验血。后来医生诊断说，是轻微的病毒性感冒，我心里才算踏实了一些。说实话，我最怕上医院了，尤其是带孩子上医院。

打完针后，医生建议先吃药治疗，回家观察一下体温，如果还是高烧不退，那就打点滴。回家后，我不停地给萌宝测试体温。到凌晨 1 点时，她的体温还是没有降下来，甚至有段时间再次高烧到了 40 度，让我崩溃到了极点。凌晨 2 点，小丫头的体温总算慢慢降下来了，我才放下心来，迷迷糊糊地睡着了。

9

女儿咬断温度计的惊魂事

* * *

这是第二次关于温度计的惊魂事了。记得萌宝还不满一岁时，温度计就破过一回。当时，我们还以为她吃了温度计，吓了个半死，好在最后没事。

这一次，萌宝已经4岁了。那天，我有点发烧，用温度计测试了一下体温，就随手放在桌子上，去卫生间了。没想到，萌宝一看到温度计，就夹在腋窝跑到卫生间，对我说："妈妈你看，我自己量体温呢。"我赶紧叫她把温度计放起来，她答应着就跑了出去。

没过一会儿，萌宝慌乱地跑到卫生间，一边从嘴里往外吐东西，一边说："妈妈，断了。"我一看她手里的温度计，彻底吓坏了，赶紧看她的嘴，让她用力往外吐。我问她："你吃到温度计里面的东西没有啊？"萌宝被我的表情吓坏了，盯着我的眼睛说："妈妈，我没吃，就咬了一下，进嘴里的东西都吐出来了。"

萌爸听到我们说话，跑出来也没了方寸。我让萌爸赶紧拿杯子给萌宝漱口。

然后，我跟萌宝说，不要撒谎，告诉妈妈，到底有没有吃到里面的东西。萌宝用力直摇头。随后，我观察了下萌宝，还好没什么状况。我给她洗了手，又从地上找到了一堆大大小小的水银小珠珠，赶紧收拾干净了。

本以为萌宝长大了，是个大孩子了，不用总盯着她了。可现在看来，大人还是应该时刻看着点孩子为好。

辣妈养女经

一直以来，萌宝就是个闲不住的孩子，每天像个陀螺一样不停地转来转去。平时，她眼疾手快，稍微不注意就会干出点事来。当妈妈的就得费心费力，多注意点了。

▲ 孩子6岁前要以玩为主，考试并不是最重要的。

10
闺女的第一次入学考试
* * *

萌宝升入学前班后，参加了人生的第一次入学考试。

放学后我去接她，萌宝一脸失落。我赶紧问她怎么了，她慢腾腾地从书包里拿出试卷，带着哭腔说："妈妈，我只考了90分，我没有考100分！"我一看闺女这样，心疼极了，安慰她说："宝贝，你已经很棒了！"

本来，我以为安慰一下萌宝，她就会开心起来。结果萌宝还是不开心，她接着对我说："妈妈，我们班里有好几个小朋友都考了100分，我也想考100分。"

我见萌宝还是很有压力，就耐心地劝她说："宝贝，分数真的没有你想的那么重要！考90分并不代表你就比考100分的小朋友差。"还好，这次她听进去了，也不再那么纠结了。

回到家里，我看了一下萌宝的语文试卷，发现她在拼音声调上丢的分数比较多。她考试跟平常一样，有点小粗心。萌宝5岁多点就升入了学前班，在班里尽管她的个子比较高，年龄却是最小的一个。在我看来，萌宝能有这样的成绩已经相当不错了。

后来，每次辅导萌宝做作业时，我都会尽量让她多学学声调。看到一个物品，她也经常会主动用拼音的方式给我念出来。我听后，也会尽量在声调上纠正她。几个月下来，萌宝在拼音上已经相当了得了。

辣妈养女经

6岁前的孩子要以玩为主。这时不要让孩子过多地注重分数。若要对孩子的学习进行辅导，也尽量不要让孩子有压力，最好能让孩子在相对愉快的氛围中学习。

11
萌宝在幼儿园帮人掏耳朵

* * *

萌宝自从懂事起就特别喜欢当姐姐。

升入学前班后，萌宝更是一副"大姐大"的派头。因为做事大胆，敢说敢做，她还被老师任命为班长。

当然，因为这个性格，萌宝也经常惹祸。

有一天，我去幼儿园接她，还没进教室，就听见老师用很严厉的口气和萌宝谈话。我心里一惊，心想萌宝肯定是惹祸了！

果不其然，进了教室，我就看见萌宝低头站着，一副做错了事的样子。旁边还站着一个小男孩，和那个小男孩的妈妈。

原来事情是这样的：有一次，老师帮萌宝掏耳朵，萌宝说很舒服。然后，趁着老师不在，萌宝竟然拿着小卡子帮那个小男孩掏耳朵，结果把男孩的耳朵掏出血了。后来，小男孩跟老师说耳朵疼，这才知道是萌宝闯的祸。

知道了事情的经过，我赶紧向对方道歉，问用不用上医院。对方家长一脸心疼的样子，但始终很平和地说："没事，回家观察一下吧！"

事后，我好好地给萌宝讲了一番道理。

后来，萌宝意识到自己错了，就和我说："妈妈，以后我不干这么危险的事情了。"

辣妈养女经

孩子在幼儿园难免会闯祸，这时家长一定要心平气和地和孩子讲道理。不要一味地打骂责怪孩子。

▲ 卖萌时的萌宝最让我快乐。

12
恐惧！萌宝得了手足口病

❋ ❋ ❋

转眼到了第二年春天，手足口病流行。

姐姐家的孩子嘴里溃疡了，姐姐怀疑孩子染上了手足口病，去了诊所，结果只是口腔炎。孩子吃了一些抗病毒的药就好了。

当时，我也没太在意，还庆幸不是手足口病，不然两个孩子每天在一起玩，一个得了，另一个肯定得被传染。

结果，没过几天，萌宝开始出现嘴角疼的症状，我还以为是萌宝上火了，只给她涂了点芦荟胶，稀里糊涂过了一天。

第二天，萌宝一吃饭就喊嘴疼，我才慌了，难道她真得了手足口病？

我赶紧把萌宝的嘴掰开，见嘴里是溃疡了，又看萌的手和脚，仔细看了半天，才看到小米粒一样的小泡。我慌神了，和萌爸带萌宝去了医院。

大夫看后，指着萌宝手上和脚上像小米粒一样的疹子说："这就是手足口病的典型症状。"虽然我也做了一些心理准备，但听到医生的话，我还是心里咯噔了一下。

我问大夫是否需要打吊针，大夫说，一般抵抗力不是太弱的孩子，吃药就可以了。随后，就开了一些抗病毒的喷剂，还有清火消食的药和消炎药。我心里既难过又庆幸："幸亏发现得及时啊！"

治疗期间，萌宝的精神状态一直不错，并没有受到生病的影响。胃口也不错，之前吃东西嘴疼，在坚持服药几次后，就没再喊嘴疼了。只是因为担心传染别的小朋友，闺女不能去幼儿园了。

辣妈养女经

每到手足口病泛滥的季节，我都不敢带萌宝去人多的地方。结果萌宝还是没逃过手足口病的侵袭。

13
预防手足口病的三大要点

* * *

自从萌宝染上手足口病，我一直都忧心忡忡的。还好，萌宝的精神状态一直不错，吃了几天药，病也好了。

我带萌宝去医院复查，医生说好得差不多了，而我心里还是不踏实。此前，我听好多人说，手足口病容易反复。所以，我心里很是不安。看来，我需要恶补一下预防手足口病的常识了。

上次问医生，医生说孩子在家里休息21天后才可以上幼儿园。看来，萌宝还需要在家休息一段时间。我每天都细心观察孩子的状态，好在她一直很不错，这让我心里放松了些。

在此，我简单总结了一下预防宝宝手足口病的三个要点：

要点一：饭前便后勤洗手，少吃生冷食物

所谓"病从口入"，这话一点都不假。据说，有20多种肠道病毒可引起手足口病，传播途径主要有三种：包括人群密切接触、空气（飞沫），以及饮用被病毒污染的水和食物。通常宝宝喝生水、吃生冷食品等，则容易被传染。所以，饭前便后，妈妈务必要让孩子彻底清洁双手。

要点二：家中常备宝宝专用湿巾等清洁品

之前，我对如何预防手足口病没什么概念。后来，萌宝得病康复后，我查了一些资料，第一时间购买了满满一箱的宝宝专用湿巾。这种产品专门清洁宝宝的口、

▲ 手足口病流行的季节，我就不带萌宝去人多密集的地方。

手，以及脸部等。并且，宝宝专用湿巾还可以用来擦拭宝宝的餐具、玩具等。这样，宝宝平时常用的一些东西，妈妈就可以放心给孩子使用了。没事时，还可以常给孩子擦擦手，清洁一下口腔。萌宝就很喜欢用湿巾，没事时老自己拿出来擦手。

要点三：避免带孩子去人多密集的地方

手足口病传播相当快，在手足口病的多发季节，家长要少带孩子去人多密集、空气不流通的地方。孩子在家时，还要多开窗通风，保持家里地上、墙上、桌椅、门窗等处的清洁卫生。另外，还要多晒被褥，勤洗衣服。洗衣服时，可以用消毒水进行消毒。

手足口病传播很快，萌宝刚开始没有症状，我们也不知道，一直和隔壁家的宝宝玩。当从医院检查出手足口病后，我赶紧把两个孩子隔离开了。

尽管这样，隔壁家的宝宝还是被传染了，这让我心里非常自责。

据说，手足口病的病毒感染后一般不发病，但可能成为隐性感染者，没有症状却具有传染性。所以，当我们开始隔离时，其实另一个孩子已经被传染了。

自从萌宝得了手足口病，我就开始查阅一些相关资料，也找医生详细了解了一下，最后得知：5岁以下的宝宝最容易感染这类病毒。如果发现宝宝嘴巴溃疡，手上、脚上有小疱出现，并且有发热的症状时，一定要及时就医。

自从有了这次教训，我以后就更加谨慎了。

辣妈养女经

在手足口病的多发季节，家长一定要做好预防措施，以免宝宝被传染上。通过这次萌宝生病，我发现自己还是大意了，没有做好孩子的日常预防措施。

14
3岁重新使用纸尿裤

✳ ✳ ✳

在萌宝尿床这个问题上，我一直都很纠结。

大半夜，我睡得正香，突然感觉到小家伙像烙饼一样翻来覆去不肯睡。我以为她是口渴了，赶紧递水给她。可妮子还是吭哧吭哧地叫着，不理睬我。我赶紧摸了下妮子睡觉的地方，这才发现：原来闺女又尿床了。

我赶紧起来，迅速给萌宝换了褥子，闺女才又踏实地睡了。经过这么一折腾，我睡意全无。

萌宝1岁多时，我就不给她用尿不湿了。可现在小家伙每天都玩得很累，晚上喝水又多，我睡觉又太沉，她就尿床了。

随后，在晚上睡觉前，我会先让妞上个厕所，以为这样就没事了。可一段时间下来，我发现闺女还是会尿床。这样一来，我和闺女就都睡不好觉了。时间长了，我俩都休息不好。

经过再三考虑，我决定重拾纸尿裤。就这样，快3岁的萌宝再次用上了纸尿裤。在孕婴店，我挑选好与萌宝尿床"作战"的工具，心里也踏实了。我心想，终于不用每晚都惦记着闺女尿床那点事了，我们都可以睡个踏实觉了。

但实践证明，我又犯了一个大错误：小丫头长期穿纸尿裤只会让她养成尿床的坏习惯！

辣妈养女经

面对孩子尿床，家长一定要顾及孩子的自尊心，不要让孩子有害羞或自卑心理。父母应以亲切的态度对待孩子，使孩子消除紧张情绪。同时，对待尿床的孩子，父母要进行及时的安慰和鼓励。

15
穿尿不湿留下的"后遗症"

* * *

"妈妈，我又尿床了！"萌宝每次尿床说这句话时，总是一脸的不好意思。虽然她只有 3 岁，可自尊心却很强。我没有责怪她，而是安慰她说："没事，妈妈知道你不是故意的。"

我虽然嘴上这样安慰萌宝，心里却很着急。通常，1 岁半左右的宝宝就不尿床了，晚上有了小便时，不是哭闹就是会翻来覆去地折腾，以此来告诉妈妈。可是萌宝最近尿床是一点动静都没有了。最后，我总算找到了原因：这是穿尿不湿引起的！

萌宝刚出生时，萌宝的姥姥就一再提醒我："不要给孩子穿尿不湿，要养成按时起夜给孩子把尿的习惯。"刚开始，我还坚持了一段时间。后来，为了图省事，我就给萌宝买了尿不湿，这一穿就是 2 年多。每天晚上，萌宝穿着尿不湿睡觉，让我省心不少。

萌宝穿尿不湿，我也不用起夜把尿了。时间长了，我和萌宝对尿不湿都产生了依赖心理。后来，萌宝 2 岁多时虽然摘了尿不湿，但她一直没能适应过来，到 3 岁多了还尿床。

后来，我特意去咨询了大夫。大夫告诉我，穿尿不湿是原因之一。其次就是我这个妈妈太懒了。如果当时听萌宝姥姥的话，一直坚持起夜把尿，萌宝就不会有尿床的毛病了。

原来，闺女尿床都是因为我偷懒的缘故。

辣妈养女经

在此，我想提醒新手妈妈的是，平时最好不要给孩子穿尿不湿。并且，妈妈最好给孩子养成起夜把尿的习惯。这样虽然辛苦点，但只要坚持下来，便会让孩子养成自己起夜的好习惯。

16
小丫头说话越来越有意思了

* * *

萌宝越来越懂事，也越来越有主意了。

我每次带萌宝出去，她总是特别热情，不管是比自己大的哥哥姐姐，还是比自己小的弟弟妹妹，她总是会主动上前握手，并热情地拥抱人家。萌宝的热情也时常感染周围的人，陌生的叔叔阿姨总会夸她懂事，是个社交能力强的宝宝。

有一次，我带萌宝街拍，一边走一边拍。惹得路人都把目光盯在了她身上。萌宝也相当给面子，不停摆弄着造型。有几个年轻的男孩女孩路过，也纷纷掏出手机要给萌宝拍照，萌宝很大方地冲着几个大哥哥大姐姐做起了动作，完全一副大牌的范儿。连路边溜达的大爷都夸萌宝："嘿，这小丫头还真会摆造型！"萌宝冲着人家直乐，她太热情了。

我每次带萌宝去公园，能玩的她几乎都要玩个遍。有一次，我忘记取钱了。在萌宝玩得正高兴的时候，我只好提前告诉她："闺女，咱今天钱可没带够，剩下的那几项可不能玩了。"萌宝很乖巧地点头："嗯。那咱们取上钱再来玩。"没想到萌宝这么听话，也没哭也没闹，真是懂事了。

随后，萌宝看到一些健身器材就冲那里跑了过去，还一边对我说："妈妈，咱们去玩免费的。这个不要钱。"嘿！这小妮子实在太有意思了。

萌宝活泼好动，也常常受伤。因为经常摔倒，腿上也总是被磕得青一块、紫一块的。我每次都很心疼。但萌宝每次摔倒都不哭，真是个坚强的小丫头！

辣妈养女经

自从三四岁后，萌宝的独立性就特别强了。当我帮她穿衣服时，她会倔强地告诉我："妈妈，不用你，我自己能做！"

▲ 看着萌宝和表弟玩耍、学习的身影，我就会想起当初的二胎梦。

17
二胎梦的彻底终结
✿　✿　✿

　　萌宝上幼儿园后，我轻松了不少。但二胎梦却真的离我渐行渐远了。我已经没有了再要一个孩子的勇气。

　　最早，我一心想要生个老二。在萌宝不到一岁的时候，我意外怀孕，当时都准备生下来了。可最后还是架不住亲戚朋友的劝说，我忍痛割爱，没有要这个孩子。当时，我还伤感了一段时间。

　　我打算等萌宝大一些，再要老二。但随着萌宝越来越大，我的想法也开始改变了，我发现自己不可能再要二胎了。萌宝没上幼儿园之前，我就被萌宝折腾得没了耐心。那时我就自问："我还敢再要个老二吗？"一个我都对付不了，两个我更受不了。

　　等萌宝上幼儿园了，我又想，好不容易稍微放松了一些，假如再要个老二，我还能经得起再一次的折腾吗？我是否能吃得消呢？想想这些，我突然又放弃了二胎梦。

　　现在，更现实的问题摆在我面前：对于处在叛逆期的萌宝，我该怎么教育才好呢？一个孩子我都感觉吃力，又何谈再要第二个呢？

　　唉！这令人纠结的二胎梦，犹豫不定的二胎梦啊！现在，我已经没有了生二胎的勇气。

　　也许，人就是这样成熟起来的。我曾信誓旦旦地说，无论如何也要给萌宝生个弟弟或妹妹，可一天天过去，这种想法却越来越不坚定，真是心有余而力不足啊！

　　或许，我是真的老了，我再也不是当初那个敢裸婚、敢没有生活保障就生娃的女生啦！

18
不打不骂管孩子，谈何容易

* * *

有一段时间，我的情绪很差，有好几次居然对萌宝动手了（用力打屁股的那种）。我一直觉得，自己是一个温柔的妈妈，即便孩子做错了什么，我也绝不会用武力来解决的。但真的面对执拗的女儿时，在我说什么她都唱反调时，我就克制不住自己的暴脾气了。

错误一：放松管教，纵容孩子的坏习惯

有几天，萌宝总是眨眼睛，我意识到不对劲，赶紧带闺女去看眼科医生。医生说有时候孩子视力不好就会眨眼睛的，我这才开始害怕起来。有一段时间，萌宝没事就喜欢打开电脑，自己玩各种游戏。有时候一天玩很长时间，肯定会影响视力的。

错误二：缺乏起码的耐心

平日里，萌宝提出买什么，我一高兴就满嘴答应，一来二去，让女儿养成了看见什么都想要的毛病。当我不高兴时，又想着对女儿不能太过于溺爱，结果把萌宝弄哭后，自己还忍不住自责一番。

错误三：演变成暴力妈妈

我曾经是一个那么温柔的妈妈，说话慢声细语，连高声说句话，都怕吓到萌宝。可现在，对女儿我总是一副恶劣的态度，每天都是骂骂咧咧、唠唠叨叨的。遇到萌宝淘气的时候，我居然有好几次都动手打了她的小屁股，而且是很用力的那种。

不知不觉中，我已经成为一个"暴力妈妈"了！不打不骂管孩子，谈何容易啊！

▲ "妈妈，你说话小声点嘛！"

辣妈养女经

我记得在书中看到过一段话，大意是：如果一个妈妈自身修养不够，在面对孩子淘气捣乱的时候，她就很难做到平心静气，而是常常会粗暴地对待孩子。看来，改变孩子，要先改变自己。

19

爸妈吵架，遭女儿威胁

* * *

自从结婚后，我和萌爸就三天一小吵，两天一大吵，可谓战火不断。可能是因为我们当时都太过年轻，也可能是因为我俩都属于冲动型的人，磨合期还没过，总之，我们经常因为一句话就吵起来。

有了萌宝后，一开始，我和萌爸都没有意识到吵架对孩子的不利。一吵起架来，也顾不上照顾孩子的情绪了。在萌宝还小的时候，她常常被吓得哇哇大哭。现在回想起来，真是汗颜。

好在我和萌爸一起生活的时间越来越长，两个人的脾性也渐渐互相了解了，已经过了磨合期。吵架的次数也越来越少，大吵基本没有了，但隔一段时间还是会小吵一次。

萌宝4岁后，情况不一样了。面对爸妈的争吵，萌宝也有了发言权。她也开始有了自己的小心思。

记得有一次，我和萌爸因为琐事又吵了起来。萌宝也不哭不闹，相当平静地瞪着我们俩说："行，行！吵！你们就知道吵架，那你们吵吧！我离家出走呀。哼！让别人捡走我算了。"说完，小妮子气冲冲地坐下，瞪着我和萌爸。

女儿的这句话顿时让我和萌爸停止了争吵。这虽是简单的一句话，分量却极重。对我们来说也是一个警醒。是呀，一家人究竟有什么过不去的？大人只顾着发泄自己的情绪，为什么不考虑一下孩子的感受？我和萌爸吵完以后经常很快就能和好，可孩子呢？我和萌爸每吵一次，对女儿都是一次极大的伤害。从此以后，我们吵架再也不那么肆无忌惮了。

辣妈养女经

现在，我和萌爸也会出现一些日常的争吵，但只要看到闺女，我们就会尽可能控制一下自己的情绪，不在女儿面前吵架。父母不经意间的一言一行，都可能会影响孩子的一生。

20
辣妈变懒妈，和女儿一起成长

* * *

萌宝 4 岁了，我感觉日子过得好快，有点恍惚的感觉。看着眼前淘气的小丫头，我常常想起女儿刚刚降生时的小模样。

那时候，我的脾气还没有这么急，眼里全是那个小不点。那时候，我连上街几分钟都会心事重重的跑回家。那时候，我是众人眼里相当称职的好妈妈。

记得常有年老的阿姨夸我说："你们这些小妈妈照顾孩子太周到细心了，比我们这些过来人强多了。"而现在，我却觉得自己变成了一个失职的妈妈。

失职一：常常因小事对女儿又喊又叫

一直以来，在别人眼里我都是个性情温和的人。然而在对待萌宝时，我却变得像个泼妇。我常常因为一点小事，对闺女又吼又叫，这都成了一种习惯。

失职二：懒惰成性，对女儿照顾不周

我一直都不是个勤快的人。萌宝懂事了以后，我变得更懒了。

现在，萌宝几乎不太依靠我去帮她做一些事了。她经常重复我说的一句话："自己的事情自己做。"

当看到有的妈妈 365 天，天天变着花样给孩子做早点的时候，我感觉好惭愧。不过，由于我的懒惰，倒也让闺女养成了自立的习惯。

失职三：修养不够，没给女儿树立好榜样

现在，我的脾气越来越大了，急躁、冲动、乱发脾气、喋喋不休。之前，我一直认为自己能成为一个称职的好妈妈，但随着女儿一天天长大，我不得不承认：自己越来越没有耐心，也越来越失职了。

▲ 女儿，我要和你一起成长！

辣妈养女经

随着女儿一天天长大，在生活的琐碎中，我的耐心几乎消耗殆尽，曾经的"称职妈妈"也逐渐变成了糊涂的"失职妈妈"。看来，当妈妈的也要和女儿一起成长啊。

21
闺女长蛀牙了

* * *

萌宝是个小美妞，也喜欢拍照臭美。有一次，我给她拍照，她呲牙一乐，我惊讶地发现：她的两颗门牙四周发黑，长蛀牙了。

萌宝为什么会长蛀牙呢？我仔细想了想，发现是我的错。

之前，我总傻乎乎地认为，小孩子是不需要刷牙的，所以也没有让萌宝养成早晚刷牙的好习惯。萌宝经常贪吃甜食，比如巧克力、威化饼等。我疼爱宝贝，所以她想吃就买，更糟糕的是：每天晚上睡觉前，宝贝还要消灭掉一块巧克力。

我没想到，时间一长，宝贝就长蛀牙了。

怀着侥幸的心理，在发现宝贝长蛀牙后，我没有带她去看牙医。我以为让她少吃一点糖果，再养成早晚刷牙的好习惯，蛀牙就能缓解一下。

后来，萌宝坚持了一段时间刷牙，但后来觉得刷牙太麻烦，就没再刷。

有一天，萌宝可怜兮兮地告诉我："妈妈，我的牙又疼了，一咬东西就像针扎一样疼！"我让她张开嘴巴一看，吓了我一跳，好大一个黑洞。

这下我开始担心了，没办法，我只好带着萌宝去看牙医了。

第一次看牙医，是萌爸带萌宝去的。我没有陪着去，但心里却很担心。当我打电话给萌爸时，他说："医生说没什么事，治疗两次就好了！"我心里的石头才算落了地。接下来几天，萌宝就再也没有喊过牙疼了。

看来，对于孩子的牙齿健康问题，我还是用心不够！在此要提醒各位家长，一定要给孩子养成早晚刷牙的好习惯。

▲ 贪吃零食是萌宝长蛀牙的主要原因。

辣妈养女经

平时，萌宝喜欢吃一些糖果和巧克力之类的甜食，又没有养成刷牙的习惯。所以时间一长，这些食物残留在牙齿上导致细菌繁殖，就出现了蛀牙。

22
看牙医，知道牙疼了

* * *

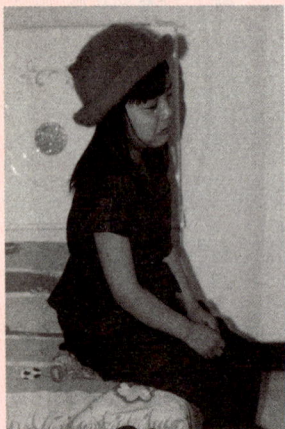
▲ 闺女又牙疼了！

第一次看牙医后，萌宝半年没喊牙疼。

后来有一天，萌宝一大早起来就喊牙疼。我跑过去一看，再次被惊到：一夜之间，丫头的一个脸小，一个脸大。只见她的一侧脸鼓得圆圆的，还不断冲我喊牙疼。萌宝的姥姥说，这是牙龈发炎引起的，并告诉我："可以先给孩子服用半粒甲硝唑，可以起到消炎的作用！"

萌宝服用了半粒药，当天没再嚷嚷牙疼，第二天就开始消肿了。接下来的两天也都相安无事。她的小脸蛋又恢复了正常，满嘴的牙齿却基本上都黑了。

没过几天，萌宝又开始嚷嚷牙疼，她哭着说："妈妈，牙又疼了，钻心地疼！"

我忐忑不安地带着萌宝去了医院。医生看了一眼，说："孩子的牙龈都肿成这样了，你们怎么才带她过来？这得多疼啊！"

看了萌宝牙齿拍的片子后，医生很严肃地问我："孩子平时按时刷牙吗？是不是经常吃糖之类的东西？"我"嗯嗯"地回答着。医生指着片子说："你看看吧，孩子满嘴的牙齿，大部分都坏掉了。怎么也得治疗一段时间了。"

后来，萌宝牙齿的整个治疗过程，我都没敢靠近。我深知治牙的痛苦，光是那些尖尖的仪器就能把人吓个半死。萌宝很坚强，也很配合。虽然她几次哭着说："阿姨，别弄了，疼！"但医生安慰了她几句后，她还是会努力地配合着。

辣妈养女经

通过带萌宝去看蛀牙，我深刻地体会到了孩子长蛀牙的痛苦。所以，家长一定要让孩子养成早晚刷牙的好习惯，还要让孩子少吃一些糖、巧克力、膨化食品等，更不能让孩子喝碳酸饮料。

23
爱装嫩的辣妈

* * *

有一段时间，我没事爱去薰衣草庄园拍上点照片。

之前，我一直帮别人拍，这次我特意带了一个帮我拍的人，也趁机过了一把瘾，谁让咱人老心不老呢。

以前，我每次带相机出去，都是不停地追着闺女拍。结果搞得小丫头特别不爽，不是拉脸子，就是不给我正面拍照的机会。这次我干脆也不给闺女拍了，光是自己抢镜了。谁知，小丫头一看这样，居然又要求我不停地给她拍照了，这次争着跟我抢镜了。

尽管我当妈已经四五年了，可我还是一个很爱臭美的妈妈，每天都嘻嘻哈哈的，不停地傻笑。好多时候我都不知道自己的真实年龄了。

熟悉的朋友总是毫不客气地对我讲："穿点能显出你气质的衣服吧，别总穿得像个孩子似的！"嘿！这话明显是在告诉我，我一直都有点装嫩的嫌疑啊！

说实话，或许真是年龄大了的缘故，我挑选衣服偏爱那些嫩嫩的。有时我选的衣服明知道自己穿不了，却非要套在身上，不舍得脱下来，确实有一些爱装嫩的表现。

在商场选衣服时，我爱习惯性地把辫子简单地扎起来，然后去选一些看起来特别能让人年轻的衣服。事实上，装扮很重要，我就简单地装了装，还真忽悠了不少人。

出门在外，每当我提到萌宝，别人总是表现出一副很惊讶的样子："你都有宝宝了啊？你多大了呢？"有人曾在我背后喊我："丫头，让让路！"听人这么一说，我可开心了。

之前有人说过一句话："当女人一天天老去，最怕的就是别人在她面前提及'老'字！"这点在我身上尤其明显。我最怕人家说我年龄大之类的话了。每当人家夸我几句，说我年轻，我常常就乐得合不拢嘴。

事实上，一个女人再怎么装嫩，岁月还是会在脸上留下点痕迹，比如：若隐若现的鱼尾纹和休息不足导致的大眼袋。

都说女人的年龄是藏不住的，或许在照片中一眼就能看出她的年龄。但我就是想回到年轻的感觉！记得曾听到过一句话："女人，对自己再好一点吧！开心快乐就是最美的！"

对于一个特别爱美的女人来说，一天天老去是很可怕的事情。

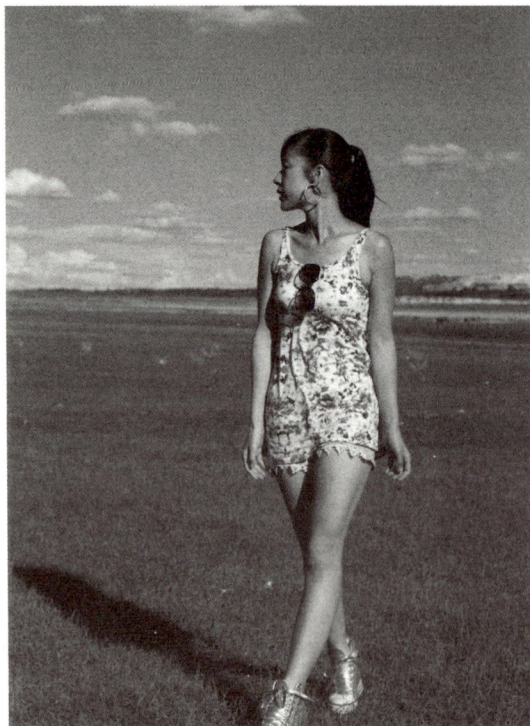

辣妈养女经

曾经，我觉得30岁离自己很遥远。可转眼间，我就30岁了。我向来对30岁这个数字很敏感，也从来不愿意在别人面前提起。可现在，每每看着自己眼角若隐若现的小细纹，我心里就抑制不住地难过，原来青春真的很短暂。

▲ 我爱臭美，还特别爱"显摆"，女儿上幼儿园后，我又回到了爱臭美的日子。

24
萌宝六一领舞小记

✿　✿　✿

▲ 萌宝跟我一样，是个爱臭美的小丫头!

转眼间，萌宝都快 5 岁了。上幼儿园也有一年多了。

这天，快六一儿童节了，我去幼儿园接萌宝。

到了幼儿园，萌宝看到我就飞跑过来，心情有些激动地拉着我的手说："妈妈，今天幼儿园汇演排练，学前班的小朋友念毕业诗的时候我又哭了。"说着说着，她的眼睛里就出现了泪花。我心疼地摸着闺女的头，一边安慰她，一边想：不知不觉中，闺女已经长大了。

早在前几天，园长就告诉我："萌宝是个特别容易动感情的孩子，学前班念毕业诗排练的时候，她在旁边都哭成小泪人了。"是呀，萌宝从小就是一个心地善良、多愁善感的小女孩。

六一儿童节幼儿园要表演节目，最近，萌宝也在忙这个事。

六一儿童节那天，我不到 6 点就起来了，简单收拾了一下，就带萌宝出发了。

去幼儿园的路上，萌宝一度有点焦躁不安。我一问才知道，她是担心迟到。这丫头，倒是挺知道守时的。

到了幼儿园，我们就进入了紧张的准备工作。由于开场舞由萌宝负责领舞，所以没过多久，萌宝就去上台表演了。随后，没来得及换衣服，萌宝就和另外三个小朋友开始了报幕"工作"。我感觉，我在台下都比闺女在台上紧张。

早在半个月前，我就一直在陪闺女练台词。一开始，萌宝一直记不住台词，我就特意陪她练习了几次。还好，闺女的记性毕竟比妈妈好得多，在我没记住的情况下，她居然把所有的台词（包括其他 3 个小朋友的台词）全部记下来了。

在报幕时，萌宝落落大方，用她童真而干脆利索的话开始了人生的第一次主持："六月是童年的摇篮，六月是童年的梦乡……"

不知道为什么，在台下的我却一度情绪失控，眼泪流了出来：闺女真是长大了啊。一直以来，在我眼里，萌宝都是个睡觉需要妈妈搂着，醒来后看不到妈妈都要哭鼻子抹眼泪的小不点。而此刻，看着在台上主持的萌宝，真像一个成熟的小大人，太让我激动了。

接下来，萌宝又相继参演了三个舞蹈：一个是《红星闪闪》，一个是《茉莉花》，还有一个是《我最乖》。看着闺女认真地跳着每一个动作，我看出她是真的用心了，这让我好欣慰。

在欢乐和温馨的氛围中，节目渐入尾声。期间，我又被孩子们感动得哭了好几次。尤其是学前班的孩子们和老师动情朗诵的《毕业诗》，让毕业班的几个小孩子都哭成了泪人。在台下的家长们也被这一幕感动得哭成一片。

汇演结束后，孩子们还收到了园长送的小礼物。看着孩子们和老师们热闹地打成一片，台下的我们也很高兴，那场面真是太温馨了！

辣妈养女经

六一儿童节那天早上，去幼儿园的路上，我还担心萌宝上场会胆怯。但真的看到萌宝表演，我发现她真是长大了！此前，我带萌宝去参加过一些活动，看来这些锻炼还是有用的。

25
小丫头不愿长大的搞笑理由
* * *

因为我怕老，所以在着装上，我一直都喜欢装嫩。

我每次带萌宝出去，就常有人说我看起来很年轻，不像孩子的妈。每次听到这些，我都像吃了蜜一样，心里美得不行。

记得有人和我说过："当一个女人不再年轻的时候，总是特别担心别人说自己老。"我现在就是这个状态，不喜欢别人说我年龄大，只喜欢听别人夸我年轻。但一想到总有一天自己会老去，我就黯然神伤。

而萌宝竟然也有不想长大的想法。萌宝5岁多了，每天睡觉前常会可怜兮兮地抱着我说："妈妈，我不想长大，我才不要长大！"说着，她常常就有了眼泪。

刚开始，我觉得很惊讶，她怎么会有这样的想法呢。记得我小时候，可是天天盼着自己快快长大啊。

有一天，我忍不住问萌宝："闺女，怎么了？长大多好呀。为什么不愿意长大呢？"结果，萌宝告诉我："长大以后还得生孩子，我怕疼。我才不要生孩子。怀孕的时候，还要大肚子。我才不要。"哎呀，我的宝贝啊！你才多大？怎么现在就考虑这个问题了？

后来，萌宝又认真地跟我说："妈妈，我不想长大，还有一个原因就是，我长大了，你和爸爸就变老了，我不要你们变老。"呵呵！我的小宝贝想得可真远啊。

有一次，萌宝还一本正经地对姥姥说："姥姥，我最怕长大了，我怕长大以后，还得结婚，还要生孩子，太麻烦了。"

呵呵，每次想起萌宝不愿长大的搞笑理由，我就想笑。

▲ 萌宝大了，变得更独立了，很多小心思让妈妈好难猜啊。

辣妈养女经

现在的孩子，这么小就有这样的想法了，真是让我这个当妈的意料不到！无论如何，只要孩子健康快乐地成长，我们老了又有何惧？

26
5岁小妞痴迷电视剧

* * *

▲ 萌宝上电脑，不玩游戏，也不看动画片，而是痴迷于大人常看的家庭情感剧！

放寒假时，萌宝天天痴迷于看电视剧。最让我难以理解的是：萌宝上电脑，不看动画片，不玩小游戏，而是痴迷于大人常看的家庭情感剧。

我除了担心萌宝的眼睛受到伤害，还担心这些成人剧太过于露骨的地方会给小丫头造成不良的影响。每当这时，我就求助于萌爸。而萌爸除了训斥闺女一顿，也没有更好的方法。

有一天早晨，萌宝比我先起来，她偷偷地把我身边的手机拿走了，然后轻手轻脚地走到了客厅。很快，我就听到手机里传来了播放电视剧的声音。我细细一听，发现小妞又看情感剧了，还一边看一边跟着剧情傻笑。

我起身来到客厅，问萌宝："怎么又看电视剧？小孩子不要总看这些。"萌宝不但不听我的，还开心地拉我一起看。她指着画面一一给我介绍里面谁是谁，又发生了什么事。她说的可真是头头是道，看起来比我还懂！

我彻底没招了，心想赶紧开学吧！

俗话说：妈妈是孩子的第一任老师。从萌宝出生到现在，我基本上每天都在用电脑或手机看一些家庭剧或言情剧。在我长时间的"熏陶"下，小丫头也学会看情感剧了。

辣妈养女经

萌宝痴迷于电视剧的坏习惯都是跟我学的。经过反省，我决定以后只要是女儿在跟前，我就要少接触一些电子产品，更不看什么情感剧了。

27
女儿让爸妈感动的 N 件事

✳ ✳ ✳

在不知不觉中，小丫头都长成大姑娘了，不仅能照顾自己了，还会关心别人了。虽然只有几岁，可她的心思那叫一个细密呀。有时候，女儿带给我的感动，甚至让我流泪。

感动一：女儿学会关心姥姥了

有一年冬天，萌宝的姥姥住了一个多月医院，出院后要在我家住一段时间，以方便我照顾。萌宝听到这个消息后，很严肃地给萌爸下了"命令"："爸爸，我可告诉你啊，姥姥来家里住的时候，你最好能够做到不抽烟。姥姥现在身体不好，如果你抽烟，姥姥还得住院输液，你听明白没？"萌爸"嗯嗯"地点头答应。我心里好感动。

感动二：我晕眩，女儿替妈妈洗碗

有一次吃晚饭，我突然觉得一阵晕眩，萌宝见了，赶紧把餐桌上的碗筷收拾到了厨房，还关心地问我："妈妈，你好点没有啊？"我告诉闺女不用她收拾，可萌宝说什么也要帮我干活，收拾完碗筷，她还在厨房帮我把碗洗了。厨房的台子比萌宝高出不少，看着女儿刚刚够得着水龙头的小模样，我心里满是感动。

感动三：女儿关心醉酒的爸爸

萌爸喝醉后，爱躺在沙发上睡觉。萌宝看见了，就会给萌爸盖被子。她怕萌爸摔着了，还会隔一会跑出去看看萌爸。有几次，她还跟我说："妈妈，我看爸爸快从沙发上掉下来了，我要扶扶他。"事后，我把这些告诉萌爸，他比我还感动。

▲ 淘气萌宝也会关心妈妈了!

辣妈养女经

女儿真是爸妈的贴心小棉袄！现在，看着叽里呱啦不停讲话的萌宝，我又开始感叹时光易逝了。

28
女儿让我成长为更好的自己

* * *

自从有了女儿，我成熟了很多，遇事也更加冷静了，但萌宝太淘气了，有时我真拿她没办法，也常常忍不住对她发火。

晚上，我看着萌宝熟睡的样子，想到白天对她发脾气了，心里很酸。

熟睡的萌宝乖巧得像个小猫咪一样，完全没有了白天的那种嚣张霸道。白天醒着的时候，她会把东西扔得到处都是，甚至还把我新买的高跟鞋也给崴掉了跟，我忍不住训了她，还警告她说："如果你再这样下去，我真的会打人的。"结果萌宝很不屑，白了我一眼，说："你打呀，你打呀。你都说了多少次了，我料你也舍不得打！"

被她这样一气，我真是哭笑不得，只有一个人坐在一边生闷气了。萌宝还继续捣乱，再次把我夏天的裙子全部拿出来，挨个试了个遍。穿着长得落地的裙子，她还自顾自地走起了模特步。我跟她说："妈妈和你说了多少次了，不要总是翻衣柜的衣服，你怎么就不听？"可她完全无动于衷，我彻底被整疯了。

看着满地的衣服，我再一次感受到了挫败感。我开始反思这几年对萌宝的教育，心想我是不是太唠叨了？以至于我发脾气了，她也根本不当回事！

看来，想要做个完美妈妈真不是一件容易的事。

辣妈养女经

现在，萌宝真正做错事时听到我的批评也不以为然了。看来，我需要反省一下了。其实，每个孩子来到世上都有自己的使命，其中之一就是帮助父母成长为更好的自己。

女儿，
你是我今生
永远的宝贝。

第六章

3~6岁：泼辣辣的女儿，懒懒的妈

　　不知不觉，襁褓中的小婴儿已经长成人见人爱的大姑娘了。小家伙的本事也越来越多了，会哄妈妈开心了，会讨好爸爸了，也会看大人的脸色行事了。遇到妈妈生气的时候，她会告诉妈妈不要发脾气。她的自理能力也越来越强了，不再是凡事都依靠妈妈的小淘气了。大事小事，小丫头也喜欢按自己的方式去做了……

1
女儿像个小土匪

* * *

萌宝是个小淘气，也是我的幸福源泉。

有了女儿，我的生活变得越来越充实了。当我有压力或焦躁不安时，只要看着萌宝，我的烦恼就会瞬间烟消云散。虽然萌宝很淘气，但萌宝带给我的，更多的是一次次的惊喜，让我的生活更加精彩。不管她是淘气，还是折腾，只要她能健康快乐，我就幸福。

萌宝的淘气在周围是出了名的，没有一点女孩子的矜持，完全像个假小子一样。

平常，我爱带萌宝去姐姐家串门。萌宝每次去，都会把姐姐家弄得乱七八糟的，没办法，她就是典型的"小土匪"。

对于女儿的淘气，我从来不提倡以武力解决问题，所以每次去姐姐家，我都得苦口婆心地跟她讲道理。

随着女儿越来越大，她也越来越懂事了，去姐姐家时，总算不再那么折腾了，也能跟弟弟好好玩一会了。

记得萌宝一两岁时，有一天中午去姐姐家，萌宝不想睡午觉，还不停地折腾7个月的弟弟（那时还不满一岁）。我不知道萌宝想干什么，那时每次老远见到弟弟她就高兴地喊："弟弟！弟弟！"可在一块玩时，她总是打人家，让弟弟总是哭个不停，这经常弄得我很生气。有一次，萌宝又把弟弟弄哭了，我就拉过来打了她的手。可这小丫头还冲着我直乐，以为我和她逗着玩呢，真是让我一点办法都没有。唉！当妈的真是为难。

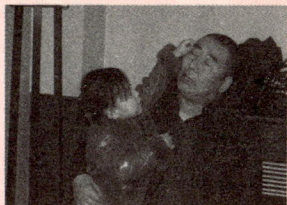

▲ 看这个淘气的小丫头，趁姥爷不注意，就要拔姥爷的眉毛，真是让人躲闪不及。

辣妈养女经

有一段时间，女儿一天除了折腾就是睡觉，真是让人不省心啊。不过，就像老辈人说的："日子是熬出来的"，看着宝贝一天比一天懂事，我想，受再多的累也值了！

▲ 叛逆小妞，常做些雷人的事。

2
淘气丫头，爱毁坏玩具

❋ ❋ ❋

萌宝一直像个天生的"坏破王"。

早上，萌宝看见电视里的智能娃娃直嚷嚷："妈妈，我也要会说话的娃娃。"我说："好啊，妈妈也给你买个一模一样的娃娃回来。"

第二天，萌爸一到家就神神秘秘地对闺女做了个鬼脸，然后从身后掏出来个娃娃，放在萌宝面前晃了晃说："宝贝，你瞧爸爸给你买什么礼物了？"萌宝兴奋地冲爸爸跑了过去，接过娃娃就再也不肯撒手了。

萌爸轻轻按了下智能娃娃的开关，娃娃就说："你好。"萌爸问："你几岁了？"智能娃娃回答："我今年3岁。"萌爸又问："你说几句英语吧。"没想到智能娃娃回了一句："你说什么？大声点，我听不清！"全家人都乐了。

我本以为萌宝会和智能娃娃好好相处，可令我没想到的是：萌宝没事时，就老去扯智能娃娃的头发，并且还抓住头发很暴力地摔打。

我告诉萌宝："要和智能娃娃好好玩，不能总抓人家的头发哦。"萌宝根本不听，对智能娃娃又是一顿摔打。没过几天，智能娃娃金黄色的头发就变成小光头了。我怀疑萌宝是不是得了传说中的"多动症"。

为此，我还专门去咨询过医生，原来，宝宝的这种行为是探索世界的表现。看来，以后要多从孩子的角度考虑问题了。

辣妈养女经

萌宝总是很不珍惜自己的玩具，这让我很头疼。刚开始，我总是想方设法地阻止她。后来我发现，与其喋喋不休地唠叨她，不如参与到孩子的玩具"破坏"中。这样，和孩子一起"搞破坏"，拆玩具，修复，再拆，再修复，还可以增强亲子关系。

3
叛逆小妞的暴力事件

* * *

萌宝3岁时，经常有一些暴力倾向。那时候，萌爸给萌宝买了两个会说话的娃娃，结果没几天就被闺女把头发扯得光光的，睫毛也全部弄掉了。萌宝3岁以后，我满以为她已经长大了，知道爱护自己的娃娃了。谁知道，我大老远从外地买回来的娃娃，萌宝照剪不误。

我每次外出几天，都会给萌宝打电话，问她想要什么礼物，她总是说："妈妈，你给我买一个会说话的娃娃吧。"我满口答应，大老远地把娃娃给她买回来。刚到家，萌宝看到我手里的娃娃，高兴地抱在怀里，怎么也不肯撒开。我心里很高兴。

正当我庆幸闺女喜欢娃娃时，她又开始了小暴力。趁我写东西时，萌宝用锐利的剪子把娃娃的头发剪得一堆一堆的，乱得不成样子。我生气地问："能不能别这么暴力？"闺女看见我生气，吓得大哭起来。我被萌宝折腾得不知所措。她看我这样，反而不哭了，乖乖地答应我不再剪娃娃了。

随后，让我更加意想不到的事发生了，趁我干活的时候，萌宝居然拿着剪刀在我头发上来了一剪子。当我反应过来时，一摸头发，已经被闺女剪掉了好长一截，而且是从头发的中间剪断的。当时，我急得差点大哭，头发可是我一直很看重的，平时也都非常精心地呵护着。萌宝意识到了自己不对，害怕地看着我。唉，我真拿她没办法。

辣妈养女经

在闺女还小的时候，我看到有些父母对孩子发飙，总是心想，我将来肯定不会那样。可现在呢，我常常难以克制自己的情绪。看来，很多事情真是说着容易，做起来难。

4
爽身粉刷屋，鱼食乱倒鱼缸

❋ ❋ ❋

在家里，萌宝经常把屋子折腾得乱七八糟的。

我在洗脸时，她把平时用的爽身粉全部倒出来。先是倒了一茶几，后来把地上、电视柜子上弄得全是粉。

当时，我刚洗完脸，正在照镜子，结果突然闻到了一股爽身粉的味道。我扭头一看，哎呀！家里真像刷过的房子一样，白白的，一片一片的。我批评了萌宝，但她还是像平时一样，就跟没听见似的，只顾着玩自己的。

晚上，萌宝又趁我不注意，把鱼食全都倒进了鱼缸里，弄得黑乎乎一片。我赶紧用网捞起来一部分，萌爸看见了，也很生气，抱起丫头扔在了床上，还骂了她。我看宝贝哭得太伤心了，急了，忍不住骂了萌爸。萌爸说我太袒护女儿了。可是，我实在看不了女儿的可怜样。唉！难道我真的纵容女儿了吗？

都说爸爸和妈妈在孩子面前应该一个唱黑脸，一个唱白脸，可真要做起来真是难啊。很多时候，我教育起女儿来都特别迷茫。为她的淘气生气，但等把她弄哭了又开始妥协。可能每个妈咪都会有这个矛盾吧。只是不知道这样做，对孩子来说，到底是好，还是不好。并且，如何才能做一个好妈妈呢？这个问题，我一直在思索中。

我总觉得，让孩子顺其自然成长最好，但有时也会为如何教育女儿而发愁。真的不知道等萌宝再大一点的时候，能否明白点道理。唉！当妈妈真难啊！

辣妈养女经

萌宝淘气，任由这样下去又不行，可是管教又不起任何作用。至于用武力，说实话我真不忍心下手。我希望萌宝乖巧懂事，知道妈妈爱她也是有原则的，不然自己长大会面临太多挫折。

5
"撕不烂"撕扯成小碎片

✳ ✳ ✳

萌宝学习是大事，我经常给闺女买故事书，还有各种认字的小卡片。可小丫头对读书并不感兴趣，没事的时候不看书还撕书玩，常常搞得家里全是碎纸片。

一天，我带萌宝上街，闲逛到了宝宝智力玩具的商店里，看见一些花花绿绿的卡片字，还有不少小孩看的故事书，萌宝很快就被吸引住了，挨个拿起来让我买给她。

我看见有一本书上写着"撕不烂"，很好奇，就随口问店员为什么叫"撕不烂"。店员很热情地说："有的宝宝拿到书以后总是撕扯，很容易把新书弄坏了。这种"撕不烂"的书，任宝宝怎么撕扯都撕不坏的。"我乐了，又有些纳闷，书怎么会"撕不烂"呢？

我忍不住给萌宝买了两本"撕不烂"，想看一看"撕不烂"到底有多结实。结果，我和萌宝刚到家，萌宝就要看"撕不烂"。

刚开始，萌宝还像模像样地看，并且一直让我讲故事给她听。我一看"撕不烂"还真不错，便让小丫头自己看，自己去做饭了，并告诉丫头："宝贝，妈妈去给你做饭，你自己好好看书吧。"萌宝特别乖巧，随口回答我："嗯，妈妈干活。我看书！"

我在厨房做饭时，忍不住出来看了一眼萌宝，结果看见一摊碎纸片。唉，谁说"撕不烂"的书撕不烂呢？这个淘气丫头还是一样扯成了一条一条的。

在萌宝同学面前，再结实的书也能撕烂啊！

▲ 这就是传说中的"撕不烂"，唯一没全撕烂的一本。

辣妈养女经

小孩子看书不是看，是玩是撕，这是孩子的天性。我明知道萌宝爱撕书还是要买书，只是为了让她找到一点看书的感觉。为了避免女儿撕书，有时候我会专门找一堆废纸让她撕。据说，撕纸动作可以锻炼孩子的协调能力。

▲ 顽皮的萌宝，看书时还那么
淘气。

6
画画嫌纸太小了，在墙上画

❋　❋　❋

我家新房子装修时，我特意把女儿的小屋刷成了粉色的，客厅要白色的。搬到新家的第一天，我看着温馨的屋子兴奋得睡不着觉，一直收拾到夜里 2 点才躺下。

没想到，搬新家后，萌宝把客厅白白的墙壁当成画板了，她时常用画笔把墙壁画了一道又一道，还向我炫耀说："妈妈，你看我画的多漂亮啊？"说实话，我看着很无语。

小妮子用粉色的彩笔，在墙壁上画了一团又一团的"杰作"。我问她："为什么不在纸上画？"闺女说："纸上地方太小了，我喜欢在墙上画！"我一听傻眼了，半天不知道说什么才好。

我找出一个小本子，递给闺女说："宝贝，这个小本本以后就是你的了。以后你在上面画画好吗？"萌宝不屑地说："我才不要呢。这个小本子这么点，能干什么啊？"

我故作生气地说："你瞧瞧，我们刚搬的新家，没几天就被你折腾成这个样子了。那叔叔阿姨来做客的时候，是不是会笑话你不听话，在墙上乱画呢？"

萌宝理直气壮地说："我又没在他们家画，他们干什么要管我？"我无语了，才几岁的小孩，居然能说出这样的话。自此，萌宝再在墙上乱画，我也不再说什么了。如今，我家墙壁上到处都是萌宝的"杰作"。

没事时，闺女会跑过来问我："妈妈，你看我画的画好吗？"我故意逗她："不错，将来我闺女可能是个画家！"没办法，我索性任由女儿自由发挥了。

辣妈养女经

萌宝没事就喜欢拿彩笔在墙壁上画。刚开始，我还试图去阻止过她，但她趁我不注意还是会在墙上"作画"。看来，我只能给她自由发挥的空间了。

7

对玩具"喜新厌旧"

* * *

▲ 玩玩具，"喜新厌旧"的萌宝。

孩子天性好奇，"喜新厌旧"不是稀奇事。

只是我没想到，萌宝的"喜新厌旧"尤其明显，她只有三分钟热度，新玩具玩一会就丢，遇到喜欢的玩具又问妈妈要，跟"败家子"似的。时间长了，家里的玩具一堆一堆的。我真是没招了。

我经常给萌宝买一些早教产品，或是玩具之类的东西。刚开始，小丫头总是高兴地拿着新买的东西，几乎不离手，可没玩多长时间，新鲜劲一过便弃之不理了。我看着家里"堆积如山"的玩具，头都大了。

一天，我到地下室找东西，正好看到了萌宝的芭比娃娃，已经被她修理得不成样子了。当时，我正愁找不到对付萌宝"喜新厌旧"的办法。突然，我灵机一动，萌宝"喜新厌旧"，那我把她很久之前玩过的玩具再拿出来，她会不会重新喜欢上呢？真不知道，萌宝看见好久之前玩过的玩具，会是什么表情。

我把有点脏的芭比娃娃拿了上来，没想到，萌宝一看到旧娃娃，竟然特别兴奋。她大声喊着："太好了，太好了！我的芭比娃娃！"说着，就从我手里抢了过去，高兴地抱着芭比娃娃不撒手。这可是萌宝不到1岁的时候买的呢，没想到重新拿出来，她居然会这么高兴。

原来，闲置一段时间的玩具，隔些日子再拿出来，对于孩子来说又是新玩具了。之后，凡是萌宝玩了几天就不玩的玩具，我就都统一放起来，等过段时间再拿出来给她玩。

辣妈养女经

对玩具喜新厌旧是多数孩子的通病。也是通过这件事我才发现，在萌宝眼里，隔段时间的旧玩具也新鲜。新妈妈们可以试试我这个招数。

8
将异物塞到鼻孔

✳ ✳ ✳

一天上午，萌宝在大屋玩，我看电脑。没过一会，萌宝就带着哭腔跑来了，原来是鼻子出血了。我一看吓傻了，赶忙抱起萌宝问："到底怎么了？碰到哪儿了？还是自己抠的啊？怎么流这么多血？"萌宝吓得"哇"地一声就哭出来了。

我赶紧把萌宝抱到洗手池边，给闺女清洗鼻子。结果，丫头哭得更厉害了，一边哭一边说："妈妈，不是抠的，鼻子里有东西，难受！"直到这时我才意识到，是闺女将异物塞到鼻孔里了。

我从来没有遇到过这样的事，吓得乱了方寸，一看闺女鼻孔里确实有东西，还吸到了最里面，根本没办法用手指取出来。萌爸见了，说上医院，萌宝很害怕。萌爸安慰我说不要慌，他想想办法。

很快，萌爸就找到了一个能够掏鼻子的小物件。我抱着闺女说："宝贝，千万不要乱动，让爸爸给你掏出来，我们就不难受了，知道吗？"萌宝害怕地点点头，眼泪"吧嗒吧嗒"地往下掉，她也吓坏了。大概过了5分钟，萌爸终于把异物给掏出来了。我一看，原来是泡沫上的白色小颗粒。

这时候，我也不能严厉批评萌宝，只能好好跟她说："宝贝，妈妈告诉你，以后可千万要注意，不能再把小东西塞到鼻孔里了。"萌宝意识到自己错了，眼泪汪汪地告诉我："妈妈，以后我一定注意，不会再把小东西塞到鼻子里了！"

辣妈养女经

自从萌宝两三岁以后，我就一直比较放手，任由孩子自己折腾。结果却发生了这么惊心动魄的事，真让我悔恨。看来，我以后还是得稍微看着点萌宝。

9

两个孩子会玩耍，三个孩子爱吵架

* * *

▲ 孩子们在一起，还是欢乐的时候多！

小孩子们在一起玩，想不争吵太难了。

根据我对萌宝的观察，两个孩子在一起玩通常都会相安无事。但三个小朋友一起玩，却很容易出现吵架或打闹的现象。

后来经过观察，我发现，三个孩子一起玩，总会出现两个孩子孤立另外一个孩子的情况，而被孤立的孩子总是会觉得伤心的。

每天和萌宝在一起，我不断发现这个规律，已经见怪不怪了。

有一次，萌宝和弟弟玩，没玩一会，萌宝就哭哭啼啼地向我跑来，很委屈地对我说："妈妈，弟弟不和我玩了，他去和别人玩了。"

我安慰她说："他们不和你玩，你是不是心情很不好？"

萌宝点点头。我又接着问她："那之前每次有三个小朋友的时候，你也经常会选择和其中一个小朋友玩，而去孤立另外一个小朋友。你说被孤立的那个小朋友是不是和你现在一样的心情呢？"

萌宝点了点头，表示同意我的话。接着，我问清楚了事情的缘由，并得知是萌宝有错在先，便鼓励她先去道歉。

刚开始，萌宝还不乐意道歉，但在我的劝说下，她还是向弟弟们道了歉，然后又在一起玩了。而萌宝也一扫刚才的不快，又有说有笑的啦。

辣妈养女经

其实，小孩子的世界，出现问题还是让他们自己解决比较好。但孩子毕竟还小，也需要大人的引导。如果是自己孩子的错，就要鼓励宝宝勇敢承认错误。

10
放手让孩子自己去经历
* * *

萌宝的独立能力很强，我一直都是当"甩手掌柜"，把她当成大孩子一样对待，凡是觉得她能做到的事情，都习惯交给她自己去做。

在萌宝未满3岁时，她人小不懂事，我的过度放手，也让她遇到过一些不必要的麻烦。

有一次，萌宝要上厕所，我也没有多想，就让她独自去了。结果，没过一会就听到萌宝大喊"妈妈"。我赶紧跑过去，用力一推卫生间的门，没打开，这才发现门被萌宝反锁了。这门从外面打不开，只有里面才能开。

这下我慌了，不知道该怎么办。萌宝越来越害怕，大声地喊："妈妈，你让我出去，我要出去！"我一时想不出开门的办法，开始担心闺女被热开水烫着，还担心闺女吓晕了。

我懊恼不已，冷静了一下，对萌宝说："宝贝，别害怕，妈妈就在外面呢，你自己试着开开门，好不好？"

萌宝哭着说："妈妈，我开不了。你帮我开开！"我很着急，却只能装着很淡定，用平和的语气跟萌宝说："闺女，妈妈告诉你啊，把插销轻轻推一下，然后再用力拉开试试看，好不好？"

萌宝很懂事，"嗯嗯"地答应着，她试着开了一下，门没打开。随后，我又一遍一遍地教她，萌宝开了好一阵子，才终于把门打开了。

其实每次孩子遇到麻烦，刚开始我都会六神无主的。像萌宝被反锁在厕所里这种情况，我也很慌乱。但妈妈要记着控制自己的情绪，先安慰孩子。

▲ 萌宝的独立能力是锻炼出来的，偶尔遇到一些麻烦也是正常的！

辣妈养女经

孩子遇到麻烦，家长要相信孩子能自己解决。然后再引导孩子走出困境。比如孩子被反锁在厕所时，要告诉孩子不能碰水龙头之类的危险的东西，以免热水烫手，再试着教孩子一些开门的方法。

11

懒妈妈带出的女儿更自立

* * *

▲ 渐渐喜欢独立做事的萌宝，
胆子很大，什么都敢去尝试，
一副内心坚定的样子。

我是个自由散漫的人，有了女儿也改不了"懒惰"的恶习。

在照顾萌宝的日子里，她爱淘气，我总是懒得管，而是习惯看着闺女折腾，也随她去折腾，我只有一个要求：只要萌宝不受伤就行了。日子一天天过去了，这个小丫头好强又独立，逐渐养成了自己做事的习惯。

我做梦都没想到，妈妈懒得管了，女儿却更自立了。

"不用你喂，我自己会吃！"

平时，萌宝吃饭、穿衣服、脱衣服等，都必须自己做。每次吃饭，我想喂她时，她都特别大声地强调说："不用你喂，我自己会吃！"

有一天晚上，我给她脱了衣服，准备睡觉。结果她不依不饶地非要自己脱。没办法，我又帮她穿上，让她自己再重新脱下来，这下她才高兴了。

"妈妈，你瞧我多厉害！"

第一次带萌宝去我家旁边新开的一家宝宝游乐园时，小丫头眼花缭乱，看到海洋球、滑梯、摇摇车和旋转木马，都不知道该玩什么了。她先到蹦蹦床上玩了一会，没几分钟玩腻了，跟我说："妈妈，我想玩滑梯！"

结果走到滑梯网状布条的小桥前，她又胆怯了，直喊我："妈妈，我害怕。我不敢过去了。"

我给闺女加油："宝贝，你不是一直都是勇敢宝宝吗？我们一定能过去的，要加油！"

萌宝不肯往前走，可怜巴巴地说："妈妈，我还是下去吧，我不要过这里了。"

我说："不要害怕，妈妈在下面接着你，你一定能勇敢跨过去的。"

在我的鼓励下，萌宝终于迈出了第一步，通过了网桥。她走到了滑梯口，冲着我做了一个胜利的手势："妈妈，你瞧我多厉害！耶！"

"妈妈，你还没有给我竖大拇指呢！"

有一次，萌宝垒积木时，大声叫道："妈妈，快过来看看我垒的积木！"我过去一看，闺女垒得真棒！我忍不住竖起了大拇指，大声夸奖她："萌宝，你真棒！你是妈妈最棒的宝宝！"

萌宝很高兴，扭起了小屁股。没过一会，她把我拉到了电视跟前，随着电视音乐跳起了舞，一会撅撅小屁股，一会又扭扭腰，两个小手还交叉起来，左右摇摆。

我热情地给闺女鼓掌，小妮子扭得更欢了。我担心闺女太累，对她说："宝贝，我们休息一会再跳好不好？看你都出汗了！"闺女白了我一眼，说："妈妈，你还没有给我竖大拇指呢！"我一听闺女这话，我赶紧对她竖起了大拇指，大声说："萌宝，你真棒！"小妮子一听，才停止了扭动。哈哈！原来小妮子是想得到妈妈的夸奖啊！

小丫头能独立完成一些事了，我看在眼里，喜在心里。也许，正是由于我的懒惰，才在客观上给了闺女独立锻炼的机会。

辣妈养女经

每次看见萌宝自己完成一件事，我都特别开心。不管她做得好不好，我都会大声夸奖她，以给她独立做事的信心。

12
自己的事情自己做

* * *

有一段时间，萌宝生病了。她咳嗽了一个礼拜，也不见好转。每天夜里，萌宝一咳嗽，我就很心疼。

萌宝一直是一个坚强的孩子。有一天，她发烧到39.4℃，我问她："宝贝，你哪里难受？告诉妈妈好不好？"她迷迷糊糊地摇头："不难受！"看着她那两个小脸蛋早烧得通红，全身滚烫，我心里真不是滋味。

这次，萌宝又生病了。虽然她已经上幼儿园了，但生病后，萌宝又出现了排斥入园的情绪，她嘴里一直嚷嚷着："妈妈，我不要去幼儿园了。"入园怕传染，当然不能再去了。

萌宝接连几天没上幼儿园，我也找到了睡懒觉的理由。我原本就爱犯懒，现在更懒了。有一天，我居然一觉睡到了下午4点，人也睡得昏昏沉沉的。虽然中间也醒来了好几次，但就是不愿意起床。我就那么贪婪地躲在被窝里装睡，也忘了照顾萌宝了。

而萌宝没去幼儿园也很高兴，人也特别自觉。那些天，萌宝都是自己早早就醒了，也不打扰我，自己起来穿好衣服，就独自玩起来。

有时候，萌宝感觉饿了就跑过来叫我："妈妈，我饿了，你起来给我做点吃的。"我有时候睡得迷迷糊糊的，虽然嘴里"嗯嗯"地答应着，还是起不来。每当这时，萌宝就会去找萌爸。

那时，萌宝起床、吃饭、玩耍等，都是自己独立进行的。平时朋友们总说我没人帮忙，全靠自己一手带大萌宝，很了不起。我也会觉得惭愧，因为有时我也会犯

▲ 在萌宝眼中，女孩子自己打扮自己，那才是最漂亮的！

懒一段时间。

萌宝越大，我也越来越不细心了。有时候和朋友一起外出，看到有的妈妈都给孩子带着水壶，而我在这些细节上总是做不好。闺女每次提出要喝水，我才想起给闺女喝水。

并且，之前我还习惯在萌宝睡觉之前给她讲故事，哄她乖乖入睡。而现在我完全没了耐心。现在，萌宝也养成习惯了，晚上睡觉前也不缠着我了，都是自己乖乖入睡。

有一天，萌宝自己洗了袜子，跑过来告诉我："妈妈，自己的事情自己做！"听完这话，我心里既高兴，又有些歉意。

其实回想起来，我这个妈妈有时候也很不称职。不过，可能正因为如此，才让萌宝养成了自己的事自己做的习惯。

辣妈养女经

在女儿的成长过程中，很多时候我都觉得自己这个做妈妈的不称职。但有时候，我也会故意"犯懒"，以锻炼萌宝独立做事的能力。

▲ "妈妈，自己的事情自己做！"

13

淘气萌宝削苹果削到手

* * *

萌宝独立性很强，这让我高兴也让我担忧。到3岁时，萌宝的胆子就已经很大了，什么都敢去尝试。我深怕她去幼儿园以后，胆子太大，伤到别的小朋友。

有一天，萌宝的大姐姐给萌宝买了一箱苹果。萌宝看见苹果，就试着自己用削皮刀削皮。看着她不停地试着削苹果，我担心她伤到手，就跟她说别削了。可萌宝像个小大人似的说："妈妈，我才不会伤到自己的手呢。"

结果，没一会她就哭哭啼啼地跑来，跟我说："妈妈！削到手了！"我一看萌宝的大拇指被割伤一个口子，就赶紧找出纸帮闺女裹伤口，一边问萌宝："还敢不敢自己削苹果了？妈妈都告诉过你，你做不了的事情就要喊妈妈帮你做，你怎么总是自己冒险去做呢？"

萌宝一边摸着自己的小手，一边"哼哼唧唧"叫着："妈妈，我好疼啊！"

我说："那你告诉妈妈，该怎么办啊？疼也忍着吧，都告诉你了，你现在还小，有些事情是你自己现在还办不到的。"萌宝眼泪汪汪地看着我，不再吭声。

没过一会，小丫头问："妈妈，以后我才不用削皮刀削苹果呢，它总割伤我的手！"

我赶紧安慰闺女："妈妈告诉你啊，等你再大一些，才能干这些事情，知道吗？不过，妈妈觉得你今天表现得很不错，自己敢动手，虽然你伤了手，但你是一个特别坚强的宝宝。"

我刚夸完，小丫头就破涕为笑了。

▲ 有没有一点小女生的感觉？

辣妈养女经

好奇是孩子的天性。淘气的孩子看见什么东西都想摸一摸、看一看，这是孩子大胆尝试和学习的过程。而我家萌宝无疑是很淘气的那一个，所以稍有大意，她就会受伤，真是防不胜防啊！

14
好奇萌宝爱问"为什么"

✳ ✳ ✳

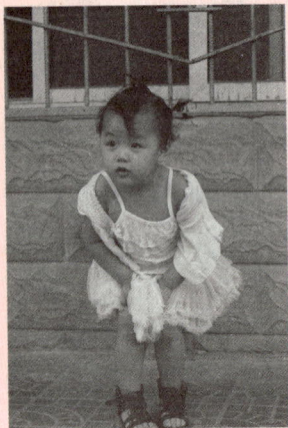

▲ "妈妈，为什么你什么都知道？"

萌宝有认知能力后，每天对各种事都充满了好奇。

平常，她问的最多的一句话就是："为什么？"并且，她还喜欢刨根问底，总是一个"为什么"后面还跟着一个"为什么"，常常把我这个80后老妈难住。哎呀，当妈的真是不容易啊，不仅要管孩子的吃喝拉撒，还要绞尽脑汁随时准备回答闺女抛过来的无数个"为什么"。

话说萌宝的"为什么"，有时我感觉我一辈子都找不到答案！

"妈妈，你和爸爸拍照时为什么不带我去？"

3岁半时，萌宝抱着我和萌爸的结婚照片，不住地唉声叹气。我问她怎么了，她说："妈妈，你和爸爸拍照的时候为什么不带我去？"我被逗乐了，说："爸爸妈妈结婚的时候，你还没有出生呢。"萌宝听后，"呜呜"地大哭起来。

我看萌宝哭得可怜，就哄她说："爸爸妈妈下次拍照的时候一定带上我们家宝贝，好不好啊？"萌宝这才破涕为笑，抱着我说："嗯嗯，这才是我的好妈妈。下次你和爸爸结婚的时候一定要带上我哦。"我顿时无语。唉！这小妮子真是太搞笑了。

"妈妈，你和我去结婚好不好啊？"

萌宝和小姐姐（7岁）一起玩。她突然问小姐姐："姐姐，你有老公吗？""你的老公有胡子吗？""你老公有老婆吗？"小姐姐都说有，最后说："我老公的老婆就是我啊。"

我在一旁疯笑，告诉萌宝，姐姐还小，等长大结婚以后才会有老公。萌宝说："那姐姐你去结婚吧。我也去结婚，我和爸爸妈妈一起去结婚！"说着，萌宝还抱着我的胳膊问："妈妈，你和我去结婚，好不好啊？"我笑着告诉她不能和妈妈结婚，萌宝不高兴地说："妈妈，我就是要和你结婚！"我晕倒！

"妈妈，为什么我还不掉牙呢？"

萌宝的小姐姐（7岁）在换牙齿，掉了好几个，成了小豁牙。萌宝问我说："妈妈，我什么时候掉牙啊？"我说："等你像姐姐这么大的时候也会换牙的。"萌宝似懂非懂地说："哦！可我现在就想掉牙！妈妈，为什么我还不掉牙呢？"我细心地给萌宝进行解释，但她还是不明白，就又缠着爸爸问："爸爸，你为什么不掉牙啊？"萌爸温和地说："爸爸在小时候已经换过牙了。爸爸现在是大人了，要等到老了才会再次掉牙……"萌宝听了还是不满意，一个人嘀嘀咕咕地说："我现在为什么不掉牙呢？我也想变成姐姐那样！"

此后，丫头没事就问我："妈妈，为什么我还不掉牙呢？"见到和她同龄的小男孩，萌宝也会去追问："弟弟，我看看你的牙掉了没有？"当得知人家也没有掉牙时，她就自言自语地说："为什么我们就不掉牙呢？"

这丫头，真是一个"小精豆子"，说的话，问的事经常语出惊人。我真是服了这个小家伙了，真不知道她怎么能问出那么多问题来。看来，我也只能兵来将挡水来土掩了！为此，我经常和萌宝一起去寻找答案。

辣妈养女经

萌宝是个机灵鬼，问的问题不只是多，而是太多了，什么事情她都要问一个为什么。我这个当妈的回答不出来的时候，也只有和她一起去寻找答案了。

15

懂事女儿（一）：妈妈，我帮你做饭吧

* * *

▲ "现在，我要帮妈妈做饭了！"

辣妈养女经

萌宝在削果皮伤到手后，就开始变得小心翼翼，不再拿刀了。我每次告诉她小孩子不能用刀切菜时，她总是会告诉我："妈妈，我可以用手切菜。"听到孩子这个有点幼稚的想法，我觉得心里暖暖的。女儿的关心让我感觉到了当妈妈的幸福。

萌宝从小就很淘气，也是个勤快的小丫头。每次看到我做家务，她都会跑过来帮忙，虽然更多的时候是添乱，但我还是很感动。

并且，萌宝还经常小嘴甜甜地说："妈妈，我帮你做饭！"每当听到这句话，我都感觉到了满满的幸福。

一天，我正准备做中午饭时，萌宝乐颠颠地跑过来，说："妈妈，我帮你做饭吧！"当时，我正打算切菜。于是，我重重地在闺女脸上亲了一口，说："我们萌宝现在还小呢，等你长大了，能帮妈妈的时候，再帮妈妈做饭，好不好？"

萌宝不高兴地撅着小嘴说："妈妈，我不是和你说过吗？我切菜不用刀子，我这样切！"说着，萌宝就用小手冲着菜切了起来。

我怕萌宝无意中看到菜刀，真拿刀去切菜，那就麻烦了。于是，我赶紧拉住闺女，说："宝贝，你是个懂事、会心疼妈妈的好宝宝。可是，你现在用手是切不了菜的。现在妈妈照顾你，等你长大了有能力的时候，你再照顾妈妈，好不好？"

萌宝似懂非懂地点了点头，抱住我的腿，说："妈妈，上次削皮我弄破了手，我还不能用刀子切菜。等你生病的时候，我就用手切菜给你吃。"听萌宝这么一说，我真的好感动！

我的女儿长大了，这么小就这么懂得关心妈妈了，真是我的贴心小棉袄啊！

16
懂事女儿（二）：妈妈，我让着弟弟

* * *

姐姐家的老二是个男孩，比萌宝小8个月。我带萌宝和弟弟一起玩时，经常会叮嘱她："不要和弟弟打架，要让着弟弟。"萌宝每次都是乖巧答应。慢慢地，萌宝习惯了凡事让着弟弟，也真是听话啊。

弟弟有点小霸道，只要萌宝拿什么都会抢，并大哭大闹。萌宝一看弟弟要，准会乖乖地把玩具让给弟弟，然后乖巧地跑过来告诉我："妈妈，我让着弟弟。"这时候，我就会摸着闺女的头夸奖她："萌宝真是个懂事的好宝宝。"

有时候，萌宝被弟弟打到，还会委屈地看着我："妈妈，弟弟打我。"说着，萌宝就想还手。我赶忙制止："宝贝，妈妈在家不是告诉过你吗？弟弟还小，不是故意的，咱们让着点弟弟，好不好？"

萌宝有点不高兴，撅着嘴特委屈地说："可是他总打我。"

每到这时，我就安慰萌宝："我们萌宝是个懂事的小姐姐，是不会和弟弟计较的，对不对？"

萌宝嘟囔着说："弟弟不是好孩子，我不和他玩了！"有时候还不高兴地掉眼泪。

但孩子毕竟是孩子，没过一会，她的气就消了，又有了当姐姐的风范，一会给弟弟擦脸，一会又喂弟弟吃东西，真是太可爱了。

辣妈养女经

萌宝和弟弟一起玩时，除了吵闹就是打架。每次萌宝和弟弟打架时，我总是习惯性地提醒萌宝："你是姐姐，一定要让着弟弟哦。"萌宝人虽小，对于我说的话，却还是能听进去的。即使再委屈，她也会让着弟弟，很有小姐姐的风范。

▲ 淘气萌宝的小模样！

17
懂事女儿（三）：我要做听话的乖宝宝

* * *

或许因为萌宝是独生子女，每次见到邻居的小朋友，她总是表现得特别热情。但孩子毕竟是孩子，刚开始玩时，他们还高兴地又蹦又跳，没玩一会，小家伙们就开始打得不可开交了。

邻居的宝宝是一个小弟弟，比萌宝小两个月。每次看到小弟弟，萌宝都很兴奋，总爱拉他一起玩。

有一次，萌宝又在楼道遇到小弟弟了，执意要拉小弟弟到家里玩。刚开始，两个小家伙还玩得挺好的。没一会，小弟弟就大声哭起来。我赶紧过去问小弟弟怎么了。

小弟弟说："姐姐欺负我，不让我玩玩具！"

我又问萌宝："闺女，我们不是一直说过，要做个懂得分享的好宝宝吗？你是姐姐，应该让着弟弟，对不对？把玩具给弟弟玩一会。"

萌宝不乐意地说："东西是我的，干什么给他玩，他家里有。"

我故作生气地对她说："不懂得分享的孩子就不是好孩子了！"

萌宝听后，赶紧把玩具递给了小弟弟，还拍着小弟弟的肩膀说："唉，谁让我是当姐姐的呢！我就让着你吧！"

我赶紧夸奖闺女："萌宝最棒了！我们以后要做一个懂得分享的乖宝宝，好不好？"

萌宝用力地点点头："妈妈，我要做听话的乖宝宝！"

这时，小弟弟破涕为笑，两个小家伙又开心地玩起来了。

辣妈养女经

萌宝很喜欢和别的小朋友一起玩。但有时，她也不愿意把玩具给别的小朋友玩。在她看来，玩具是属于她的，别人是不能碰的。我每次都会问清楚原因，然后告诉她，玩具是你的，但你要做一个懂得分享的好宝宝，小朋友玩一会，就会还给你的。

18

懂事女儿（四）：妈妈，你好好说话

＊　＊　＊

每次萌宝做错事情时，我总是做不到冷静面对。

萌宝越来越大，我这个当妈的耐心却越来越少了，动不动就冲她发火。小丫头有时会接受，并和我保证下次不再犯错了。但更多的时候，闺女不但不接受，反而会跟我说："妈妈，你好好说话，不要总是对我发脾气！"

萌宝3岁时，我还觉得她是一个什么都不懂的小不点。但经过几次交锋，我发现女儿长大了，有时候说的话就跟大人似的。

有一天早上，萌宝跟我说："妈妈，你给我找《智慧树》看！"我打开电脑，帮她找出了《智慧树》，她没看几分钟，又要求看《七巧板》。我当时正在忙着干活，被她搅得心烦意乱的，就冲她大声嚷嚷了几句。萌宝非但没有害怕，反而从屋子里跑出来，理直气壮地说："妈妈，你能不能客气点说话啊？别大声嚷嚷，瞧你那样，可怕！"

被闺女这么一指责，我意识到了自己的失态，赶紧向她道歉："对不起，妈妈说话声音太大了。"萌宝哼了一声，白了我一眼，撅起小嘴走开了，嘴里还不停地数落我："就不会好好说话吗？干吗总那么大声说话？不是好妈妈！"我听了，好内疚啊！

很多时候，或许我对女儿过于严厉了，爱莫名其妙地发一些火，以为她什么都不懂。其实，闺女已经有自己的心思了，也有自尊了。我暗下决心，一定要注意和她说话的方式。

辣妈养女经

我曾听一位妈妈说：只有无能的人才会用发脾气解决问题。看来我就是这种人，没耐心或不顺心时总喜欢对女儿发脾气。看来，以后我要试着平心静气地和她沟通了。大吼大叫也解决不了什么问题，只会让事情越来越乱。

19

懂事女儿（五）：不给陌生人开门

* * *

小时候，我是听着大灰狼的故事长大的。

我做了妈妈以后，也开始给女儿讲那些大灰狼的故事。每次家里的门铃响了，萌宝都会第一个冲过去，拿起对讲机像模像样地问："你找谁呀？"

这时，不管对方是谁，她都会帮人家把门打开。我跟萌宝说："宝宝，从现在开始，一定要记住了啊，没有妈妈的允许，是不能随便给陌生人开门的，好吗？妈妈不是给你讲过大灰狼的故事吗？大灰狼经常会扮成兔子妈妈的声音来骗小白兔的。万一我们不注意，给大灰狼开了门，怎么办呢？那可就让坏蛋有可乘之机了。"萌宝似懂非懂地看着我。

我拉过萌宝，再次给她解释说："记住了，下次再有人按门铃的时候，一定要先喊妈妈来。等妈妈确认是自己人的时候，才可以打开门，知道吗？要不，万一是坏人呢？我们可要小心啊。"萌宝听我这么一说，很懂事地点点头："妈妈，以后我不随便开门了。"

此后，门铃再响时，萌宝还是会习惯性地冲过去，拿起对讲机要给人家开门。我喊住闺女，问："我们不是说好了，不给陌生人开门的吗？怎么又忘了呢？"小丫头看到我一脸严肃，很乖巧地说："妈妈，不给陌生人开门！"

尽管这样，她还是忍不住拿起对讲机，问："你是谁啊？你找谁？"说完，她就顺手挂了对讲机，自言自语地说："哼，我才不给陌生人开门呢！"

看着萌宝可爱的小模样，我一下子就被她给逗乐了。

辣妈养女经

每个孩子都是单纯的。在孩子的世界里，还分不清什么是好人什么是坏人。家长有必要让孩子提高警惕性，以避免意外事件的发生。

20

懂事女儿（六）：妈妈，你说脏话

* * *

我一直觉得闺女还小，所以在她面前说话时，我从来都无所顾忌。

有时，我被萌宝折腾得失去了耐心，甚至会爆出一句粗口。

有一次，萌宝实在太淘气了，我又忍不住脱口说了一句粗话。小妮子白了我一眼，说："妈妈，你说脏话！"

我意识到自己失态了，赶紧向她道歉："对不起，宝宝，妈妈错了，妈妈不该说粗话。"她拍拍我的肩膀，说："嗯！这才是好孩子嘛！"接着，我们一起打闹时，她突然嘀咕了一句："神经病，妈妈是个神经病！"我大吃一惊，赶紧问她："为什么说妈妈是神经病呢？妈妈说粗话不是好孩子，那你为什么还要说粗话呢？"

萌宝说："你不能说脏话，只能说神经病！"

我拍了拍她的小屁股，跟她解释说："神经病也是不好听的话，所以宝宝也不能说神经病，好不好？"萌宝自知理亏，不再理我。

我抱住她问："妈妈是不是个坏妈妈呢？妈妈之前对你说了粗话！"萌宝紧紧地贴着我，说："你不是坏妈妈，你是我的好妈妈！"

我很开心地说："嗯！妈妈答应你，以后再也不说粗话了。那你也答应妈妈，你也不能说粗话，好不好？我们都要做好孩子！"萌宝亲了我一下，贴在我耳边说："妈妈，我以后不说粗话了。"

此后，我在萌宝面前说话时总是小心翼翼的。

辣妈养女经

妈妈是孩子人生的第一任老师，一言一行都会影响到孩子。所以，为了给女儿做好榜样，我下定决心，一定要注意在闺女面前的言行，尤其要避免在她面前爆粗口。

▲ "妈妈，今天老师告诉我们，不能让陌生人摸我们的身体！"

21
爸爸为什么不陪我洗澡

✳ ✳ ✳

对于父母来说，孩子的安全是头等大事。

我从小就告诉闺女，男生和女生是有区别的。同时也经常会提醒她：凡是身体遮挡住的地方，都是不可以让陌生人去抚摸和伤害的。

自从萌宝 3 岁以后，萌爸平时不管是换衣服，还是上卫生间，都会有意地避开萌宝，这也可以让女儿有一些性别意识。结果萌宝却因此闹出不少笑话。

安全意识一：爸爸为什么不陪我洗澡

洗澡时，萌宝问我："妈妈，为什么每次都是你陪我洗澡？爸爸为什么就不能陪我洗澡？"我说："因为爸爸是男的，你是女孩。男的和女的是不能一起洗澡的！"

萌宝点点头，自言自语道："我是女孩，是不能和爸爸洗澡的。"从此，萌宝每次洗澡前都会"嘱咐"我："妈妈，我们洗澡的时候，爸爸是不能进来的。因为我们是女孩，爸爸是男的。我们不能让爸爸看到我们的身体。"

安全意识二：不让陌生人摸我们的身体

有一天，萌宝从幼儿园回来，有些神秘地告诉我："妈妈，今天老师告诉我们，不能让陌生人摸我们的身体，还给我们讲了大灰狼和小白兔的故事。"

接着，她有声有色地讲起来："大灰狼骗小白兔说，要送给小兔子一条漂亮的裙子。然后小兔子就跟着大灰狼走呀走呀，走到了一片无人的大森林里。结果大灰狼突然对小白兔说：'小白兔，赶紧脱掉你的衣服，不然我就吃掉你。'结果小白兔说什么都不脱掉自己的衣服。小白兔就被大灰狼一口吃掉了。"

萌宝讲完了故事，还叹了一口气说："妈妈，所以老师说了，我们不能随便跟着陌生人走，更不能轻易地就让陌生人摸我们的身体。"看来宝贝的安全意识还不错！

安全意识三：妈妈，下次我不抢着开门了！

萌宝正在看电视，听到"咚咚咚"的敲门声，她飞快地跑去开了门，原来是收煤气费的阿姨。我当着阿姨的面没有训斥萌宝。等阿姨走了，我才问萌宝："闺女，你为什么不问清楚是谁，就急着去开门呢？如果是坏人怎么办？"

萌宝看我一脸的严肃，也意识到了事情的严肃性，就低头说："妈妈，下次我不抢着开门了！"

我再次严肃地说："你可以去开门，但是在打开门之前，你要问清楚对方是谁，好不好？等问清楚是谁，你才可以打开门，知道吗？"萌宝怯怯地点了点头。

辣妈养女经

现在，萌宝每次听到敲门声都会问："谁呀？我认不认识你？"在确认是认识的人后，她才会打开门。之后，她还会问："妈妈，刚才我问了是谁开的门，我做的棒不棒？"在得到我的夸奖后，小丫头总是高兴得又蹦又跳的。

22
萌宝好奇，情侣为何紧紧抱在一起
* * *

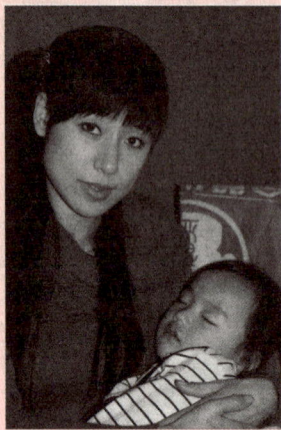

▲ 萌宝喜欢躺在妈妈怀里睡
觉，这是我们母女俩最幸福
的时刻。

辣妈养女经

　　一般来说，两三岁的孩子就开始有好奇心了。这说明孩子萌发了对外部世界强烈的探索欲和求知欲。这时，妈妈一定要保护好孩子的好奇心。

　　萌宝大了一些后，对什么事情都很好奇。我带萌宝出门，她经常会被形形色色的事情所吸引，看见什么都想看个明白，问个为什么。我经常被萌宝问得没了脾气。

　　有一天晚上8点多，小区里黑乎乎的。我带萌宝深一脚浅一脚地往家里赶，在僻静的路边，恰遇一对小情侣在紧紧拥抱。当时，我担心萌宝会盯着人家看。

　　果不其然，小丫头一看这情形，一下好奇了，眼睛一直盯着人家。我赶忙拉着闺女快步往前走，并悄悄告诉她："宝贝，不要总盯着人家看，好不好？这样很不礼貌的。"

　　萌宝抬头看着我，莫名其妙地来了一句："妈妈，你和爸爸结婚时，我在你的肚子里都看到你们了。"

　　我忍不住笑出了声："你这小妮子，怎么总惦记着爸爸妈妈结婚的时候呢？"

　　萌宝理直气壮地说："反正我就是看到你们结婚了！"哈哈！这小妮子真逗。

　　说完，萌宝又回头望了望那对小情侣。没办法，我故作生气地捏住她的鼻子，说："妈妈都告诉你了，你这样盯着人家看，很不礼貌的。怎么还看呢？"

　　萌宝好奇地问："他们为什么要抱在一起？"

　　我说："人家是情侣，关系亲密的人是可以抱在一起的，就像你和我，我和爸爸一样。我们用拥抱来表达亲密的感情，知道了吗？"萌宝似懂非懂地点点头。

　　过了一会，萌宝对我说："我和妈妈是最亲密的！"

23
懂事闺女，知道关心爸妈了
✳ ✳ ✳

萌宝是个淘气包，也是个有爱心的孩子。

还记得丫头有一个时期一度讨厌萌爸，喜欢把我"占为己有"。每次萌爸搂我一下，或稍有点亲密举动，小丫头就会第一个冲过来，强行把我们分开，还气势汹汹地冲萌爸说："妈妈是我的，你不许碰，你走开！"

直到我给她解释："闺女，爸爸妈妈和你是一家人，我们一家人就是要在一起的！"萌宝才似懂非懂地点点头，那时的萌宝很淘气，还不知道关心别人的感受。渐渐地，萌宝长大了，也知道关心爸妈了。

▲ 有爱心，渐渐从容自信的萌宝。

事件一：妈妈，给爸爸留一碗豆浆

我打好豆浆准备倒出来，萌宝从碗柜里拿出来三个碗。我问她："为什么拿三个碗啊？"萌宝回答："妈妈，你给爸爸也倒一碗吧！"我说："爸爸不在家啊！就我们两个人呢！"萌宝说："那你给爸爸留一碗好吗？"我只好分成三碗。加糖时，萌宝再次说："妈妈！给爸爸加点糖。我要给爸爸留着！"等萌爸回来，我把闺女的原话告诉他，他也很感动。

事件二：妈妈，不要哭了

我心爱的手链丢了，伤心得直掉眼泪。丫头看见了，一边帮我擦眼泪，一边安慰我说："妈妈，不要哭了，妈妈不哭！"看着闺女懂事的小模样，我想，再贵重的东西也不值一提了。

事件三：妈妈，我也要给小朋友让座

我和萌宝到北京见朋友，坐地铁时好多年轻人给萌宝让座。我赶紧让闺女说"谢谢"。闺女对让座的叔叔说："叔叔，谢谢你！"让座的叔叔夸了她，我也跟闺女说："等宝宝长大了，也给小朋友和老人让座，好不好？"闺女肯定地说："嗯！妈妈。我也要给小朋友让座！"

事件四：妈妈，累了就坐到沙发上休息吧

我在厨房忙着做饭，萌宝坐在沙发上玩玩具。没过一会儿，萌宝喊我："妈妈，你累了吧？该坐到沙发上休息休息啦。"顿时，我心里好温暖！闺女都会心疼妈妈啦！

事件五：妈妈，我要帮你洗手

我在厨房干活，萌宝跑过来对我说："妈妈，我要帮你洗手！"还没等我回答，丫头就把我拉到了洗手池旁，用她胖乎乎的小手给我洗手了。她一边洗，还一边学我平时的样子，跟我说："瞧瞧！都脏成什么样子了，也不懂得自己洗洗。"

平常，萌宝一淘气就把爸爸妈妈弄得焦头烂额的。但她一乖巧起来，又让爸爸妈妈感动不已。这小妮子真是一个小精灵！

现在，萌宝大了，会说好听的话哄爸妈开心，也会关心爸爸妈妈了。面对这个爱心满满的小家伙，我和萌爸常常被感动得不知所措。

现在，萌宝再看到我和萌爸的亲密举动，也不再强行把我们拉开了，而是会说："我和爸爸妈妈是一家人，我们是要在一起的！"哈哈！女儿和爸爸的感情是越来越好了，也有了三个人是一家的概念。

看着这个淘气又可爱的女儿，我心里都是满满的幸福。

辣妈养女经

丫头长大了，会关心爸爸妈妈了，我和萌爸常常被她感动。更让我高兴的是，萌宝喜欢与人分享，也喜欢帮助别人，还很自立。有这么一个孝顺可爱的闺女，我感觉每一天都是幸福的！

24
母女分床睡有点难

✳ ✳ ✳

萌宝由我一手带大，对妈妈总是格外的黏糊。从出生到5岁多，萌宝从来没有和我分床睡过。

有一天，萌宝突然心血来潮，要求独睡。她一本正经地向我保证："妈妈，我都快要上小学了，以后我打算自己就在小屋里睡。你和爸爸睡大屋吧！"我有些疑虑地说："终于舍得和妈妈分开了？那你可要说到做到哦！"萌宝很认真地冲我点了点头："妈妈，我肯定能做到！"

晚上，萌宝还真的把自己的被子和枕头搬到了小屋。随后，我故意躺在大屋里，装着要睡觉的样子，想看她接下来会怎样。

过了好一会，小屋里也没有动静。我悄悄下地，进小屋一看，萌宝竟然真的睡着了。看着她乖巧的小模样，我心里竟有了一丝失落感。

那天晚上，萌宝没在我身边睡，我倒不适应了，在床上辗转反侧，怎么也睡不着。我老担心闺女半夜掉地上，又担心她盖得太多，所以就过一会去看一下。结果一晚上瞅来瞅去，我一点都没睡踏实。

好不容易熬到早晨，我起床去看萌宝，她还没有醒。我疼爱地吻了一下她的额头，她醒了。我问闺女："宝贝晚上睡得怎么样啊？有没有害怕？"闺女摇摇头，告诉我说："妈妈，以后我就自己睡啦！"听她这么一说，我又失落了。看来萌宝真的长大了。不过，我安慰自己说，萌宝总是要独立的！

第二天晚上，萌宝自己就乖乖去了小屋。我还担心地问她："闺女，你确定今天还自己在小屋睡，是吗？"她点了点头。我坦然了许多，不再像头天晚上那么紧张了。我给萌宝讲了故事，她很快就睡着了。

我回到大屋，很快也睡着了。不知睡了多久，我在迷迷糊糊中突然听到萌宝的哭泣声，只见萌宝很快向我跑过来，并迅速上了床，紧紧地搂住我的胳膊说："妈妈，我害怕。我不要自己在小屋睡了，我要和妈妈一起睡。"

我赶紧安抚她说："宝贝是不是做噩梦了？"我刚问完，萌宝又一下大声哭起来，一边哭一边点头。那天晚上，萌宝一直都舍不得松开我，一直紧紧地搂着我，深怕我离开似的。

第二天，我问萌宝："闺女，那咱们今后还分不分床睡了？"萌宝使劲摇摇头说："以后我还是和妈妈睡大屋吧！"至今，我和萌宝每天晚上依旧黏在一起。

辣妈养女经

萌宝总归是要长大的，我们母女也不能总是同床睡。一般来说，孩子4岁时是最佳的分床年龄。妈妈和宝宝分床睡也要有一个适应过程，分睡一段时间就适应了。

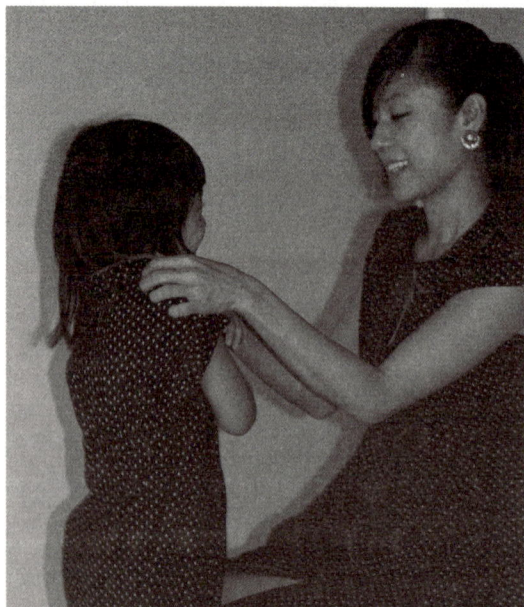

▲ "妈妈，以后我就自己睡啦！"

25
妈妈，你给我生个姐姐吧
✱　✱　✱

自从有了萌宝，我的日子过得既充实，又有趣。

平时，萌爸出去工作，我和萌宝在家中，一大一小，除了吃饭、睡觉，母女俩必然要找一些事情做。

我呢？不外乎开电脑上网、看电视，有时还臭美一下，打扮打扮。有时候，在家里闷了，难免也会出去四处逛逛。

小丫头呢？当然是不管我干什么，她都在我屁股后面跟着了。不过，这个小丫头可不是那么好的小跟班，时不时的，她也会折腾得我发毛，做一些和我较劲的事。

趣事一：偷妈妈的睫毛膏，画了两只"熊猫眼"

萌宝把我的睫毛膏拿出来，把眼睛画成了"熊猫眼"，还问我："妈妈，你看我漂亮吗？"我既生气又好笑，抱起萌宝走到镜子前。她看见自己的模样，吓了一大跳，赶紧用小手擦，却越弄越黑。我乐了，抱她去卫生间洗脸，同时告诉她，以后不要随便拿大人的东西玩。

趣事二：妈妈，我要去电视上玩去

我正准备午餐，萌宝不停地摇我："妈妈，我要去电视上玩去，你不是答应我去电视上的吗？怎么不去呢？"我停下手里的活，跟萌宝说，要先学会唱歌、跳舞，长大了才有机会上电视。这下，萌宝立马又缠着我要学跳舞了。

▲ "妈妈，你给我生个姐姐吧！"

趣事三：妈妈，你给我生个姐姐吧

晚上准备睡觉时，我问萌宝："闺女，妈妈给你生个小妹妹吧，好不好？"萌宝皱起眉头，说："妈妈，我不要妹妹！妈妈，我想让你给我生个姐姐，当然哥哥也好。"听闺女这么一说，我乐坏了。第二天，萌宝遇到阿姨家的小哥哥，得意地说："哥哥，过一段时间妈妈也给我生个姐姐出来！"话完，逗得在场的人哈哈大笑。

趣事四：妈妈，你真是唠叨！

萌宝一边吃零食一边往地上丢垃圾，我大声呵斥她把垃圾丢到垃圾桶去。萌宝瞅了我一眼，说："知道了，你真麻烦！"我跟她讲道理，她白了我一眼，不耐烦地说："你真是唠叨！"我严肃地说："闺女，和你说了多少次了，吃完的那些皮核都要直接丢到垃圾桶……"萌宝见我表情不对，忙说："妈妈，我以后不往地上丢垃圾了！"然后象征性地把刚才丢的东西捡起来，丢进了垃圾桶。嘿！这小妮子，都开始嫌妈妈唠叨了。

自从有了女儿，我每天的生活就是围着闺女转。

萌宝从小就爱调皮捣乱，每天她都会弄出一些新花样来。家里的东西，不管是什么，她都要折腾个遍。只要是萌宝能看得到的、拿得到的、听得到的，她都要弄个明白。

萌宝会说话后，一天更是喋喋不休，语出惊人，有时我都被她弄得不耐烦。但就算白天冲她发了脾气，萌宝也从来不记仇，睡觉之前还是喜欢搂着妈妈的脖子，甜甜地说："妈妈，爱你！"听女儿这么一说，我觉得一切都是值得的了。

辣妈养女经

和女儿待的时间长了，我发现自己总是以大人的思维要求她，根本就不懂小丫头的心。其实，有时萌宝无知的话、无理的举动都是有她的理由的。而我只需多问一句，就会知道真相。

26
臭美小妞，学妈妈用化妆品

* * *

▲ 从小就爱臭美的小妮子。

萌宝从小就爱臭美。

2岁时，萌宝就会自己化妆了。有一次，萌宝远远地向我跑来，带着两个黑眼圈问我："妈妈，你看我漂亮吗？"我一看吓一跳，她不像娃娃像熊猫了。不知道什么时候，小丫头居然把我的睫毛膏从包里拿出来了，她往自己的眼睛上画了好几下，结果就整成两只熊猫眼了。

我又好气又好笑，抱着她走到镜子跟前，说："闺女，你自己看看吧！"萌宝一看镜子中的自己，也吓了一大跳，赶紧用手擦拭。结果越弄越黑，小小熊猫眼变成了两个大大的黑眼圈，把我乐死了。

没办法，我只好抱着萌宝去卫生间洗脸，一边洗一边说："宝贝，以后不要动妈妈的化妆品了，好不好？这都是大人用的东西，小宝宝是不能碰的，知道吗？"

萌宝说："妈妈，为什么你能画，我就不能画呢？"

我说："妈妈是大人啊。而你是小宝宝，皮肤又那么嫩，用化妆品就把我们的小脸蛋弄坏了哦。"

萌宝擦了擦脸说："那好吧！那我就等着长到妈妈这么大再化妆吧！"哈哈！真是个臭美的小丫头！

别看小丫头这么个小人儿，其实特别臭美。每次看到我新买的衣服或是高跟鞋，她总是喜欢第一时间拿出来穿在自己身上，还不停地问我："妈妈，我漂亮吗？"

有一次在商场，售货员阿姨问萌宝："宝贝，你漂亮吗？"萌宝大声回答："我漂亮！"阿姨又问她："那你妈妈漂亮，还是你漂亮？"萌宝想都没想，回答道："我

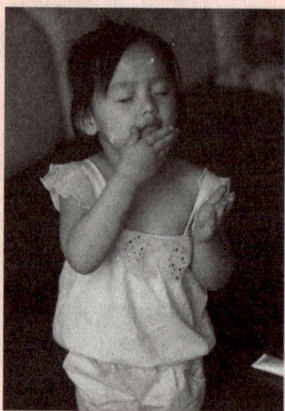

▲ 用妈妈的化妆品，也学着擦香抹粉。

辣妈养女经

萌宝是个爱臭美的小丫头，总是认为自己是最漂亮的。她不到三岁就能察言观色了，通常看大人的表情、语气、动作等来说话做事。虽然萌宝还小，但她已经有了自己的审美眼光和认知能力，这让我很自豪。

漂亮！"阿姨们又逗萌宝："那你妈妈是不是丑呢？"萌宝回答说："我妈妈漂亮，你们才丑呢！"哈哈！大家愣了一下，全都乐得笑翻了天。

我在家里试穿新买的衣服时，萌宝也会一边看，一边撅着小嘴问："妈妈，你能不能让我试试你的新衣服？"我说："当然可以啊，只不过你穿妈妈的衣服太大了。"萌宝不管这些，说着就把我的衣服抢走了，胡乱套在了自己身上，还对着镜子扭起了小屁股。

更好笑的是，萌宝还学妈妈平时的样子，在镜子面前转了个身，一叉腰，美滋滋地问我："妈妈，你瞧我漂亮吗？"我说："漂亮，当然漂亮了。"萌宝说完，又冲萌爸走过去，问了同样的问题，萌爸也直点头。

说着话，萌宝又冲我走了过来，说："妈妈，把你的包拿给我，还有化妆品。"我问小妮子："你要干什么？"闺女回答说："我要化妆，然后逛街去。"我把包给了她。只见她往肩上一跨，又冲镜子照了一圈，自言自语地说："还没有化妆呢。"说完，又和我要了平时的化妆品，对着镜子像模像样地涂抹了一下。

我告诉闺女："宝贝，你这么稚嫩的皮肤还不能往脸上涂抹东西啊，会伤了皮肤的。"萌宝反击我："妈妈还抹呢。"萌爸接话说："妈妈因为觉得自己不漂亮才抹的，而你已经够漂亮的了，所以就不用化妆了。"萌宝一听扑哧乐了，又冲我说："妈妈，你是丑八怪，所以你才要化妆。爸爸说我最漂亮，不用化妆了。"说完自个儿就哈哈乐了。

这个臭美的小妮子，居然说妈妈是丑八怪！

27
对女儿，我不敢再轻易承诺

＊　＊　＊

一天中午我去买菜时，习惯性地和萌宝打了个招呼："闺女，妈妈出去买菜，你和爸爸乖乖在家，好不好？"

萌宝点点头："嗯！不过妈妈你要给我买好吃的回来！"

我说："好的，妈妈答应你！"

我话还没说完，萌宝的要求已经来了："妈妈，我要苹果、梨、葡萄，还有酸奶……"

在女儿的饮食上，我从不刻意要求萌宝必须吃什么，或不能吃什么。小丫头食量很好，除了正餐之外，我还经常给她买一些水果或是酸奶之类的食物。

通常，我一般都按照闺女的嘱咐买，但有时也会忘买一两样。结果她经常不依不饶的，这让我很苦恼。

我买菜回来时，萌宝迎了上来，拿过我的手提袋就一一翻看里面的东西。一看没有酸奶，萌宝又开始不依不饶了："妈妈，你没给我买酸奶。你现在给我下去买酸奶。"

我故意生气地对她说："你不心疼妈妈了吗？妈妈都累成这样了，你还这样不依不饶。再说了，我买了这么多水果给你，你还有什么理由不高兴呢？"

萌宝撅着嘴，耍赖说："你没给我买酸奶。"

我故作生气地说："如果你再这么不讲理，这些水果妈妈都要收起来，不让你吃了。知道吗？"

听我这么说，萌宝有点害怕了，她抱着水果袋子，说什么都不肯撒开："妈妈，那我听话。不要酸奶了，先吃水果。吃完水果再买酸奶可以吗？"

我说:"恩,妈妈答应你。但是你也得答应妈妈。别不依不饶的,好不好?"

萌宝眨了眨眼睛,说:"嗯!那好吧,我就听你的话,做个好宝宝吧!"

事实上,我很多时候答应了闺女,却又经常做不到。好几次说话不算话,她对我特别失望。

看来,我对萌宝有点溺爱了,以后要让她知道,不是所有的要求妈妈都会满足她。而当女儿不依不饶时,我也只有采取冷处理的方式,让她知道:哭闹和威胁是不能吓到妈妈的。

每当此时,我就怪自己,当初不该轻易承诺女儿!

▲ 馋嘴萌宝,吃得香香的。

辣妈养女经

其实,我经常随口承诺萌宝一些事情,只是为了应付一下。但在萌宝看来,就是妈妈答应了要做的事。而我经常做不到,萌宝就开始怀疑妈妈的话了,也对妈妈越来越失望了。看来,为了取得女儿的长期信任,我以后不能再轻易承诺了。

28
富养女儿莫娇养

✿　✿　✿

萌宝是我和萌爸心中的最爱，也是我们一生都要用心呵护的宝贝。我们坚信"女儿就是要富着养"。所以平时，不管闺女提出什么要求，我们都会尽可能满足她。

我自己不买衣服可以，但是闺女的一定要买，而且要买好的。吃的食品也是，我们自己吃的好赖没关系，但闺女必须吃好的。不论是吃的，还是穿的，我们都希望能给宝贝更好的。

一直以来，闺女提出的要求，我都会很痛快就答应她。我总觉得，女孩子就该这样养。人家都说，女孩子小时候什么都吃过了，用过了，长大了就不容易被小恩小惠所诱惑。所以，只要她对我说："妈妈，我要这个！"我通常就会痛快地答应她。

有一天中午吃饭时，闺女看到电视里的酸奶广告，就嚷嚷着要喝酸奶。我告诉她先吃完饭再去买，可她非要现在就下楼去买。

我生气地呵斥了她几句，她偏脾气一上来，就猛地躺到地上开始耍赖了。那几天正在降温，地上本来就拔凉拔凉的，我担心她受凉，就劝她起来说话，她反而撕心裂肺地大哭起来。

我心烦意乱，感到自己特别失败。一直以来，在物质上我都尽可能地去满足女儿。可我不曾想到，毫无尺度地满足女儿的要求，却只会造成她的变本加厉，耍赖打滚。看来，我需要好好反思一下了！富养也是有原则的。

▲ 这是我和萌爸心中最爱的萌宝，希望她能成为一个充满爱心的好女孩。文静大方，但不娇生惯养。

辣妈养女经

一开始，我和萌爸认为，富养女儿就是尽可能满足她的物质要求。结果，偶尔满足不了萌宝的要求时，她就会大哭大闹，躺在地上打滚。直到这时候我才意识到，富养女儿重在让她变得有修养，切不可娇养啊。

205

女儿，
愿你永远
娇美如花。

第七章

3~6岁：放手去爱，其实没那么难

我一直比较喜欢打扮，博友们都叫我"辣妈"。其实，养孩子这么多年，虽然磕磕绊绊，心力交瘁，但我却一直没有后悔过要孩子。我一直觉得，闺女是上天赐给我的礼物。有了她，我的生命才变得完整了，心态也更加成熟了。其实，放手去爱，养个孩子没那么难。至少，一切都是值得的。

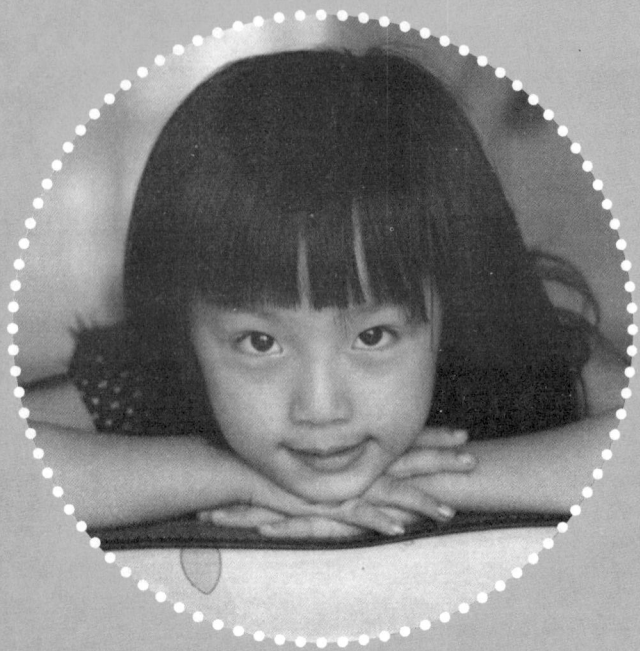

1

淘气萌宝是爸妈的快乐源泉

＊　＊　＊

自从有了女儿以后，家中的开销顿时多了不少。可以说，在萌宝1岁以前，我和萌爸都是在吃老本，花的钱都是我俩有孩子之前攒的。虽然生活压力大了不少，但我们感觉日子过得更幸福了。

有了女儿后，萌爸的工作劲头更足了，家里住上新房了，车也买了。而我也一改之前散漫的毛病，变得勤快许多，也开始自我反省，感觉成长了不少。而这些都是女儿带给我们的。

可以说，女儿的到来让这个家充满了乐趣。她是爸妈惹不起的淘气鬼，也是爸妈快乐的源泉。

趣事一：拿假蛇吓妈妈

萌爸给萌宝买了一条假蛇，我天生怕蛇，每次看到这条假蛇，我都吓得直往后躲。

可萌宝看见妈妈怕假蛇更来劲了，故意用手将软软的假蛇拿在手里来回摆弄，还抓住蛇头冲我叫道："妈妈，蛇咬你啊！"然后就突然把蛇扔到我身上，看我吓得大声尖叫，她给乐得哈哈大笑。

趣事二：打你一巴掌，再亲你一口

萌宝没事爱跟爸妈打着玩，有时我们没耐心，跟她说不打闹了，她也不听。结果，每次等我们被折腾得失去了耐心，想发脾气时，她就会上前赶快抱抱你，或是亲你一口，然后奶声奶气地叫着爸爸或妈妈，摸摸你的脸蛋。这样，即使我们想发脾气也被整得没了脾气。

小丫头真是抓住了大人的心理，打你一巴掌，再给个蜜枣！我们真是拿她一点办法都没有。

趣事三：要过节了，主动索要礼物

晚上，我们一家三口出去吃饭。在路上，萌宝一直冲着萌爸嚷嚷："爸爸，你给我买辆车吧。"萌爸问她："为什么？"萌宝说："要过节了，当然应该送给我礼物了。"我和萌爸听了哈哈大笑。这妮子真是长人了，懂得主动索要礼物了。

趣事四：向妈妈告爸爸的"状"，向爸爸告妈妈的"状"

萌宝捣乱，萌爸说了她几句，小妮子委屈地告诉我萌爸"骂"她。我问她是不是惹爸爸不高兴了，萌宝摇摇头，大声说："爸爸坏！"我和萌爸对视一眼，彻底无语。

我刚收拾利索家，萌宝把抽屉的东西扔了一地，我说了闺女几句。小丫头又冲爸爸跑了过去，委屈地说："爸爸，妈妈'骂'我！"说完大哭大闹，萌爸好一顿安慰，闺女这才破涕为笑。

趣事五：我的东西你们也不能碰

萌宝对家里的耳麦情有独钟，经常没事就自己鼓捣着玩。所以，家里的耳麦经常是坏了一个又一个，不知道买了多少个了。

有一次，我新买了个耳麦，刚到家，萌宝就拆了包装。结果没一会儿，又给弄坏了。

萌爸说："闺女啊，你让我说你什么好呢？这耳麦坏了一个又一个，这刚买的新的你都不放过啊？"

萌爸一直唠叨，萌宝被惹烦了，说："坏了让妈妈拿去修修，要不就买个新的。"气得萌爸干瞪眼："你这个小祖宗啊。你就搞破坏吧！"

我忙把萌宝拉到别的屋里，她还坐着叹气。没过几分钟，小丫头拿着一堆废纸跑过来说："妈妈，我告诉你啊，以后我的东西你们也不能碰！"这个小丫头，真是太逗了！

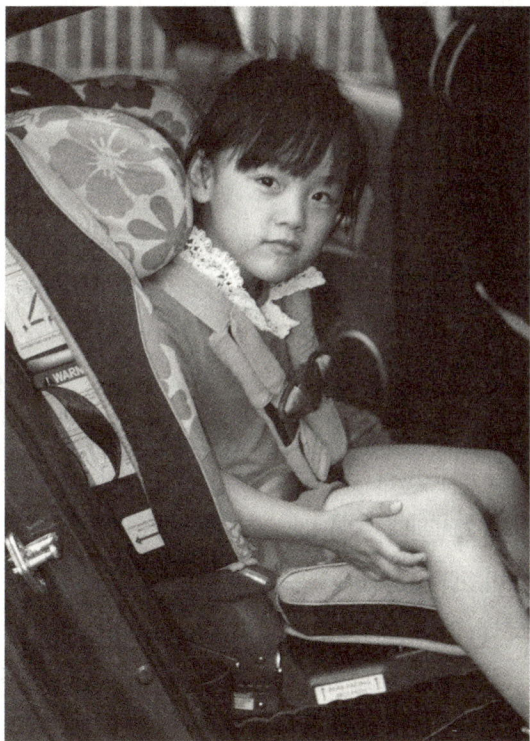

▲ 现在，女儿是我们家的"老大"。

辣妈养女经

萌宝是我们家的开心果，也是一个讲理的好宝宝。有时萌宝很淘气，我们就失去了耐心。其实认真想一下，面对宝宝的淘气，我们完全可以换一种方式。比如，耳机坏了，趁机和宝宝一起研究一下耳机内部的结构。

2
女儿离开妈，适应能力远超我的想象

* * *

记得萌宝小时候，我每次独自出门把闺女留给家人照看时，都会没完没了的担心。甚至出去一个下午，我也会打十几个电话回家，不停地追问萌宝的情况。

那时候，我恨不得买一个随身携带的监视器，这样自己出门就能带上监视器，随时察看女儿的一举一动了。可以说，那时我对女儿的不放心，超过了她对我的依恋程度。

等女儿大些以后，有一次我又要独自出门，走之前我不放心萌宝，就搂住她问："妈妈要出趟门，你和爸爸在家等着妈妈，好不好？妈妈很快就会回来的。"

萌宝紧紧地抱着我的胳膊说："妈妈，我和你一起去，好吗？"

我说："妈妈带着你不方便，只能让爸爸在家陪你玩了。"

萌宝听我这样说，泪花在眼里打转，但她最终还是忍住了，硬是没有哭出来。

我外出一天一夜，回家后以为萌宝见到我会兴奋地让我抱抱，让我亲亲，没想到丫头表现得很平淡。我问她："想妈妈了吗？"萌宝很乖巧地回答："想妈妈了，我没有哭。"

萌爸说："你不在家的时候，萌宝可乖了，不哭不闹，和我玩得可开心了！"

听了萌爸的话，我不知道是该高兴，还是该失落。

萌宝上幼儿园，我很担心。我第一天送她到幼儿园，离开时她想哭，硬是忍住了。过了两周，萌宝就适应了，还学会了与同学们分享，受到了老师的表扬。直到这时，我才明白，原来萌宝离开了妈妈也是能适应的，我太小瞧女儿了。

一直以来，我对女儿都不放心。但闺女的适应能力远远超出了我的想象。看到萌宝的适应能力这么强，我打心眼里觉得高兴。

放手去爱宝贝，其实对自己和孩子来说，都是一种锻炼。

▲ 萌宝的一举一动都牵动着我的心。只要一离开她，我就有一种莫名其妙的失落。

辣妈养女经

女儿不在眼前，我就不放心，我总觉得女儿看不见妈妈会无所适从。但事实上，闺女的适应能力远远超出了我的想象。看到女儿不那么黏我了，我会有点小失落，但看到女儿的适应能力这么强，我也特别欣慰。

▲ 萌宝是个小可爱，也是个任性的小淘气！

萌宝不会走路和说话时，我还算是个有耐心的妈妈。随着萌宝越来越淘气，我的耐心也被消磨没了，不管有人没人，我总忍不住对萌宝咆哮。我明知道发完脾气会后悔，却没办法控制自己的情绪。

3
我不想从"优雅女"变成"咆哮妈"

✳ ✳ ✳

自从有了女儿，我就成了全职妈妈。全职在家的这几年，我感觉自己的耐心一点点被闺女消磨没了。三岁以后，萌宝越来越淘气了，我的脾气也变大了，爱对她咆哮了。

很多时候，面对女儿的淘气，我找不到别的办法，就只能咆哮了。但每次跟女儿大吼大叫后，我又无比后悔。但下一次面对闺女的淘气，我还是会忍不住发脾气。每天晚上闺女睡着后，我都会检讨自己。

有一天上午，我们一家三口到公园玩，萌宝看见什么都想玩，都想买。而萌爸有求必应，马上就给她买票，结果不管玩什么，买完票丫头就喊着不玩了。我被闺女惹恼了，当着众人的面对萌宝又是一阵咆哮。

我大声问她："你怎么每次玩什么都是几分钟热度。刚给你付了费，你就嚷嚷着要下来。你是不是觉得爸爸妈妈赚钱好容易的？"萌宝顶嘴："有什么大不了的！我不想玩了，我想玩别的。"我被气得抓狂，结果冲她又是一顿猛吼。妮子被我的疯狂吓到了，眼泪直打转，怯怯地说："妈妈，我听话！我听话！"

萌爸看我有点失态，提醒我注意点场合。然后他就带闺女往前走了。看着这爷俩的背影，我的心里五味杂陈，不是味道，真是懊恼极了。

想一想，我曾经也是一个"优雅女"，怎么如今却沦落成了"咆哮妈"。难道是我这个全职妈妈当太久了的缘故吗？

4

小丫头说大人话，有模有样

✳   ✳   ✳

萌宝3岁以后，就不再满足于每天待在家里了。基本上，每天早晨一醒来，她就会把我拽起来，让我陪她去外面玩。为了能一大早起来陪丫头，我现在都不敢熬夜了，深怕第二天早晨再起不来。并且，随着萌宝越来越大，她说话也越来越有意思了，有时候还故意模仿大人的口气，有模有样的。

"妈妈，你怎么说脏话啊？你不是好孩子了"

有一回，我没太注意，在萌宝面前说了句不好听的话。结果立即招来闺女的一顿"批评"："妈妈，你怎么说脏话啊？你不是好孩子了。"说完，闺女还撅起小嘴嘟囔道："我告诉你啊，你以后再说脏话，我就不理你了，哼！"说着，她甩开我的手，自顾自地往前走了，弄得我真是哭笑不得。

"妈妈，你就不能和我好好说话吗"

萌宝在我面前捣乱，我有点生气，大声吼了她。小丫头不干了，走到我跟前说："妈妈，你就不能和我好好说话吗？你要和我好好说话，知道吗？"看着闺女那认真的小模样，我发现闺女真是长大了！看来，以后我的一举一动都要注意了。

"你们总吵架，吓着我了"

我和萌爸因为一点小事发生了些争吵。萌宝跑过来，站在我俩中间，一手叉腰看着我俩说："哼，你们过分！

你们总吵架，吓着我了！我害怕！"看着丫头气哼哼的样子，我俩才意识到失态了，赶紧跟她检讨。看来以后在女儿面前说话，可得注意了！

平时，我的言行举止还真有不少错误。

我比较臭美，出门爱穿高跟鞋，带萌宝出去也一样。有一次，我穿着高跟鞋抱着萌宝下楼，一不小心摔了个大跟头，萌宝也被摔得"哇哇"大哭。我顾不得自己，赶紧看萌宝受伤没有。

闺女摸着后脑勺说："疼，疼。"我后悔啊！看来带孩子外出真是不能穿高跟鞋啊！我把闺女哄得不哭了，才发现自己腿上也摔得全是血道子。

萌宝看到我也受伤了，竟然拍着我的肩膀，一副小大人的样子安慰我说："乖！不哭啊。要做坚强宝宝！"我听了真是哭笑不得。闺女还把我从地上拉起来，撅着小嘴说："妈妈，以后你不要穿高跟鞋了，好不好？穿高跟鞋要摔跟头。"我点点头，答应闺女不再穿高跟鞋了。

第二天，我再次带闺女出门，萌宝一看我拿出高跟鞋就急了，生气地说："妈妈，都说好了不穿高跟鞋，你怎么还穿呢？"说着，闺女就把高跟鞋藏到了自己身后，说什么也不让我穿了。

我看着身上搭配好的衣服，不穿高跟鞋还真不好看。而闺女还在拿着高跟鞋直冲我摇头："你怎么这么不听话啊？都告诉你了穿高跟鞋要摔跟头，你还非要穿。真不听话！"

闺女这样说了，我就没穿高跟鞋了。

辣妈养女经

通常情况下，宝宝是全家人快乐的源泉。当经过一天的劳累，回到家里看到宝宝，就什么烦恼都没有了。

5

叛逆萌宝，扯不认错

* * *

一天午饭后，萌宝和小姐姐（7岁）不停地折腾。两个小丫头先是把衣柜放的衣服、被子等全部翻出来，接着萌宝又把盆栽里的花叶子撕扯得一条一条的。

萌宝撕扯叶子时被萌爸发现了，萌爸很生气地问她："干什么这么糟蹋花？"

萌宝倔强地答道："不是我弄的。"

萌爸更生气了："我都看见你破坏了，你还不承认？"

萌宝依然底气十足地反驳："就不是我弄的！"

萌爸被萌宝的执拗激怒了，顺手拿起树叶子在闺女身上轻轻抽了一下。萌宝眼泪汪汪的，始终不承认是自己干的。

我看着心里不痛快，赶紧把闺女拉到一边，轻声问她："爸爸都看见你扯花叶子了，为什么你还不承认呢？"

萌宝委屈地说："就不是我干的。"

看着执拗的萌宝，我也有点生气了，耐心地告诉她："妈妈告诉你啊，偶尔做错事没什么，但你总是不认错，还撒谎，那就不是好孩子了。"

萌宝刚开始不肯承认，我一遍又一遍地给她讲道理："做错了事，能够认识到，并且改正了，就还是妈妈的好宝宝。好不好？"

经过我的劝说，萌宝终于承认错误了，她吞吞吐吐地说："妈妈，花叶子是我扯的。"

我摸着闺女的头，安慰她说："这才是妈妈的好宝宝。你答应妈妈，下次不再犯这样的错误了，好吗？"这个执拗的小丫头终于认错了。

在妈妈眼里，萌宝是最漂亮的！可"叛逆期"的萌宝，有时也任性得让人头疼。

辣妈养女经

萌宝在"叛逆期"特叛逆，你这么说她偏那么做，谁也管不了。比如萌爸，一个大男人什么没见过，可面对女儿不认错也没招。唉！叛逆期的孩子怎么管都没有用，唯有让孩子从心里认识到错误才行。

▲ 萌宝会察言观色，看人家脸
色行动，真是一个机灵鬼！

6
丫头是个机灵鬼，让妈妈头疼
✻ ✻ ✻

　　萌宝是个人小鬼大、古灵精怪的小丫头。很多时候，我都不敢小看萌宝，别看她是一个女娃娃，淘气起来一点也不逊色于男孩子，真有一点假小子的劲头。

　　不管在哪里，萌宝都能弄出些动静来，做些调皮捣蛋的事儿。

趣事一：你不带我，那我咋办啊？

　　我和萌爸说要出门一趟，不方便带孩子。话刚说出口，萌宝"哇"地一声就大哭起来，冲我说："你不带我，那我咋办啊？"说着，那眼泪"吧嗒吧嗒"地就往下掉。我赶紧对她哄了又哄，她才停止了哭泣。没过一会，她又哭了，还嚷嚷道："你不带我，我怎么办？"看来，以后再跟萌爸说话，可不能再把她当成小孩子了。

趣事二：萌宝逛商场，想着坐飞机

　　我带萌宝逛商场，她嘴里一直嚷嚷着要去坐飞机。一开始，我真不知道这小丫头是怎么想的，为什么逛着商场却想着坐飞机呢？后来，我突然想起一件事：原来前几天我曾跟萌宝的奶奶讨论过坐火车还是坐飞机的事。没想到萌宝就记住了。

趣事三：妈妈，我要喝药，你们给我鼓掌

　　萌宝有一段时间生病了，萌爸教她像喝咖啡那样喝药。小丫头做得很好，吃药相当配合，只是每次爱嚷嚷："妈妈，我要喝药，你们给我鼓掌！"她边喝药边看旁

边这些人的反应，看到大家给她鼓掌，她才大口大口地喝完了，还一副特别满意的样子。

趣事四：妈妈，我不吃饭了，我要减肥！

冬天，萌爸和我吃胖了不少，每天爱嚷嚷一句话："少吃点，要减肥了。"

有一天，我给萌爸盛饭，萌爸说："还是少吃点吧，我打算减肥了。"

话刚说完，萌宝就把手里的筷子往桌子上一放，双手叉腰，很认真地来了一句："妈妈，我不吃饭了，我要减肥。"

我和萌爸都给逗乐了。小丫头白了我们一眼："哼，我就是要减肥！"说完，她就学着我平时运动的样子跳了起来，嘴里还不停嚷嚷："减肥，减肥，我要减肥喽！"

我赶紧把萌宝拉到身边："小宝宝是不能减肥的哦。你现在正是长身体的时候，应该多吃点才行。没有营养是长不高的。不要总学着大人的样子嚷嚷减肥。"

萌宝一听，又坐到了饭桌面前："妈妈，你也吃饭，我才吃。"为了让闺女安心吃饭，我只好又盛了半碗，萌宝看我吃饭，才继续吃了起来。哎呀，看来以后要偷偷减肥了！

没当妈妈前，我什么家务活也不会做。现在，我也变成一个能熟练应对各种情况的辣妈了。和萌宝一起成长，我成熟了不少。我习惯了和萌宝一起生活，也渐渐习惯了萌宝的顽皮，要是萌宝一天不折腾，我反而不习惯了。

辣妈养女经

机灵古怪的萌宝爱搞怪，爱吵爱闹，还喜欢别人夸奖她。平常，萌宝做一件事，老想得到爸妈的支持和夸奖。她还会察言观色，看人家脸色行动，真是一个机灵鬼！其实，萌宝最好面子，小小孩子也有自尊心。日常生活中，我常常鼓励她。

▲ 可爱的萌宝希望妈妈生二胎！

7

5岁丫头劝妈妈生二胎

❋　❋　❋

在调皮的外表下，萌宝有一颗善良的心。

自从懂事以来，萌宝就喜欢照顾比她小的孩子，也会让着比她小的孩子。在我们亲戚中，萌宝虽然只有几岁，辈分却很大。萌宝有一个3岁的小外甥叫嘟嘟。每次嘟嘟来我家，萌宝总是会把自己最好的东西给嘟嘟玩。每次和嘟嘟分开几天，她都会不停地给人家打电话，还总让我把嘟嘟接到家里玩。

有一天，萌宝从幼儿园回家后，一脸期待地对我说："妈妈，今天我们班里郭雨涵的小妹妹去了，特别可爱。你也给我生个妹妹吧！"

每次看到班里其他小朋友的弟弟或妹妹，萌宝总会一脸羡慕地说："啊！太好玩了，要是我也有个小妹妹该多好。"

我想，萌宝一定是太过于孤单了，所以才会如此想要一个小玩伴！看着萌宝越来越大，我也越来越感觉到了她的孤单。

每到周末，萌宝总会挨个给她的小朋友打电话，让人家来陪她玩。看着她孤单的小模样，我又开始纠结。我觉得生了二胎就没办法全身心地照顾萌宝了。

5岁后，萌宝的性格越来越鲜明，她泼辣、强势、勇敢。在幼儿园里，她虽然喜欢"训"同班的小朋友。可班里不管是男孩，还是女孩都很喜欢她。

有一天傍晚，我像往常一样去幼儿园接她，萌宝调皮地和我说着幼儿园的事情，我也很有兴致地听着。突然，萌宝有些羞涩地问我："妈妈，你知道我们班里的女孩都喜欢哪个男生吗？"

我不解地问："嗯？喜欢的男生？你指的是喜欢在一起玩的男孩吗？"

结果，萌宝竟然说："不是啦，就是我们喜欢的男生。"还特别强调了"喜欢"那个词。被萌宝这么一说，我忍不住哈哈大笑起来："闺女，你才多大？你知道什么叫喜欢吗？"萌宝看我这么一笑，竟有点不好意思啦。

在这之后，萌宝有意无意地就会和我提起这个小男生。更可笑的是，有一次她竟然跟我说："妈妈，我们班里的一个女生还说要嫁给他呢！"呵呵，小孩子的情感，真是单纯又可爱哦！

萌宝越来越大，也开始有自己的世界了。我想，萌宝想要有个妹妹，可能也是想多一个人说说心里话吧！我这个当妈妈的，还是不够了解她的内心世界！

我希望，萌宝将来能够一直把妈妈当成她最信赖的"好朋友"。

▲ 纯真可爱的萌宝，眼睛像清水一样透明，笑脸像鲜花一样漂亮。

辣妈养女经

萌宝把心里的小秘密告诉了我，说明她是最信任妈妈的。其实，在独生子女家庭，孩子的孤单更多的是因为缺少一个同龄人可以交流。

▲ 和爸妈赌气的萌宝太难对付了。

8
面对女儿的执拗，我时常咆哮
* * *

我是个典型的"咆哮妈"，萌宝是一个超叛逆的妞。

一直以来，萌宝都是一个独立性很强，并且很有主见的孩子。通常情况下，只要是她认定的事情，就很难改变。可是她还小，有的时候，她的选择难免有错，而我的耐性也不好。如果我跟她说了半天道理，她还听不进去，我就会大发脾气，甚至不停地咆哮。

不过，我们母女俩也有很多共同点，那就是常常为穿衣服而"战争不断"。早晨，我们母女俩几乎都是在争执中度过的。

每天上幼儿园前，萌宝都要自己挑衣服穿。而有的衣服又不合时宜。比如天气冷，她拿出凉鞋来告诉我："妈妈，我要穿凉鞋。"天气热，她又拿出羽绒服告诉我："妈妈，今天我想穿羽绒服。"对于我来说，早晨的时间很紧张，她一烦我，"战争"就不可避免的爆发了。

我说不能穿，萌宝执意要穿。通常情况下，只有我暂时控制住脾气，心平气和地和她讲话时，她才会妥协地穿上我让她穿的衣服。

一直以来，我都觉得萌宝是那种可以讲道理的孩子。平时，不管做什么说什么，她都能听懂道理。可是在我俩互相斗嘴时，她就不依不饶了。

我经常和萌宝讲："不要总是由着自己的性子，想要干什么就干什么，你执拗的时候妈妈是不会同意的。"有时候我就在想："做父母真是不容易！"

辣妈养女经

我总是喜欢和萌宝咆哮，大喊大叫，几个回合下来，我发现这样对闺女一点作用也没有，反而自己生了一肚子气。现在，遇到闺女特别叛逆时，我会调整情绪，告诉自己："冷静，冷静！"结果我发现，自己真的不像之前那么大喊大叫了。

9
心平气和讲道理，原来也没那么难

＊　＊　＊

一天下午，我去幼儿园接萌宝和姐姐家的弟弟回家。

在回家的路上，弟弟在前面走，萌宝在后面走。上楼时，萌宝看弟弟走在前面，就一直狂追，并大声喊道："你别走，你让我在前面走，我是姐姐。"

弟弟没理她，萌宝像疯了一样，边喊边追弟弟，最后弟弟先上了楼。

这下不得了了，萌宝又哭又闹，说上楼没得第一，还埋怨弟弟不听她的话，打得弟弟大哭起来。

当时，我气坏了，踹了萌宝一下。萌宝不依不饶，我只好带她回家。

回家后，小丫头不理我，我也不理她。没过一会，在我还生闷气时，小丫头走到我跟前说："我想给爸爸打电话！"

我问她："打电话干什么？"

丫头说："我饿了。"

我故作生气道："你向我道歉，我就带你去吃东西。"

一听这话，她嘴里嘟囔了一句："对不起！"然后就跑开了。

我告诉她我没听清，让她再说一遍。她很不好意思地说："妈妈，对不起。"

我问她："你错在哪里？"

她回答："我不该打弟弟，不该和弟弟生气。"我看她很有诚意，才答应带她去吃东西。

经过多次与女儿PK，我得出的结论是：当女儿执拗时，打她骂她都解决不了问题，只有当妈妈温和地跟她讲道理时，她才会听进去。

在去吃饭的路上，我又给萌宝讲了讲道理，她也意识到了自己的不对，轻声细语地和我说着话。

▲ 看书三心二意，我说她，她跟我急；很多时候，
我得顺着她的意，她才听点话。

辣妈养女经

女儿任性的时候让我抓狂，可她乖巧的时候也会让我感动得想哭。也许这就是孩子的天性吧。不过，在与闺女的一次次 PK 中，我也在不断反思自己。我要和女儿一起成长，给女儿做一个好榜样。

10
女儿太热情，妈妈很尴尬

✳ ✳ ✳

一直以来，萌宝就是个特别热情的丫头。

萌宝热情是好事，可有时也常常令我感到尴尬，让我心里很纠结。

萌宝3岁以后，每天早晨一起来就会打开房门，站在楼道里看来来往往的行人。不管认识或不认识的，她都会主动上前打个招呼。即使对方不理会，萌宝依然会很热情地跟人家打招呼。

当然，有的老人很喜欢萌宝，会停下来和萌宝说几句话；而有的人没有时间也没有耐心，常常熟视无睹；有的小哥哥小姐姐甚至很不耐烦，真是让我这个当妈的尴尬至极。

我时常关注萌宝的一举一动，当她的热情换来对方同样热情的回应时，我为她感到高兴。但当她的热情换来对方的冷漠时，我也会替闺女难过。

但不管有没有得到对方的热切回应，萌宝还是一直那么热情，每天早晨都会一如既往地在楼道里跟人家打招呼。

有一次，我忍不住对萌宝说："萌宝，以后人家不理你的时候，你就不要再跟人家打招呼了，好不好？"萌宝低头不语。过了一会，她一脸无辜地问："妈妈，那以后别人不理我的时候，我就不理他吗？"

当时，我很肯定地说："对，以后遇到不爱搭理你的人，你也别去理他。"唉，我这个做妈妈的真不知道该怎么教育闺女了。

女儿太过于热情，到底是好事还是坏事呢？

我迷茫了。

辣妈养女经

一直以来，萌宝对人都特别热情。每次看到萌宝活跃的小模样，我都会从内心深处为她感到高兴。但也难免有尴尬的时候，看来我有必要好好跟萌宝讲讲规矩了。

▲ 女儿萌宝在公园玩耍。

惹我"嫉妒"的浓浓父女情

✽ ✽ ✽

萌爸在照顾孩子上远比我想象的要好得多。有一天，我和萌爸带萌宝在公园玩了整整一下午，由于我穿的是高跟鞋，每次走到椅子旁边，我都会习惯性地坐下来休息一会，看护萌宝的任务自然就全交给了萌爸。我总以为"粗线条"的萌爸是照顾不了萌宝的。但真的把萌宝交给萌爸照顾后，我才发现，他们父女在一起相处的融洽氛围，简直让我这个一直缺乏耐心的妈妈感到羞愧。

我坐在条椅上，关注着他们的一举一动。萌宝在前面疯跑，萌爸在后面紧追。萌宝大声叫："爸爸，你来追我啊，追我啊。"萌爸装出一副老鹰抓小鸡的模样，一边追着，一边叫嚷着："我来抓你喽……"萌宝跑得更快了。父女俩玩着闹着，笑成了一团，看着这幅情景，我的眼睛居然酸酸的。原来只要他们父女俩开心，就是我最大的幸福！

从公园回家的路上，萌宝和爸爸撒娇："爸爸，我累了，你抱我好不好？"萌爸蹲下身："来，宝贝，爸爸背着你走。"萌宝像个小懒猫一样顺势趴在了爸爸的背上，一会捏捏爸爸的耳朵，一会亲亲爸爸的脸蛋，那个亲密劲儿，惹得我这个当娘的都有点小嫉妒！

而且，女儿也长得越来越像萌爸了。有时候，我看着两个人相似的眉眼、神似的表情，直觉得恍惚。甚至他们父女俩的好多动作都是那么惊人的相似，连脾气也越来越像了，这让我不得不相信遗传的神奇。

辣妈养女经

除了遗传之外，父母的言传身教也会对孩子的成长起到示范作用。父母的良好修养有助于培养孩子形成活泼、开朗、勇敢、进取的性格，从而树立正确的人生观和价值观。

12
言传身教最重要

✳ ✳ ✳

有一次，我和婆婆、大姑姐一起聊天。我们天南海北地聊着各种话题，最后说到女孩子说粗话这个问题上。

当时我觉得自己平常从来不说粗话，就很有底气地和婆婆说："真是挺烦那些时不时就冒出几句粗话的女孩子，一点礼貌也没有，还好我这人平时不说粗话。"

话刚说完，萌宝就冲过来了，小手一叉腰，盯着我，很大声地说："妈妈，你敢说你没说过粗话吗？哼，我都听到过好几次了！"

当着婆婆、大姑姐的面，被妞这样一说，我好尴尬。

我反驳她说："我什么时候说粗话了？"

萌宝说："你忘记了啊？你上次给爸爸打电话，因为和爸爸生气，挂了电话之后你骂骂咧咧了半天。"

我脑子一晕，顿时无语。

为了给我解围，婆婆跟萌宝说："萌宝，你不能这么说妈妈哦。记住以后当着众人的面，不能指责妈妈的不是，知道吗？"

听婆婆这么一说，我的脸一下子就红了。

事后我回想了一下，萌宝说的对，确实有过这样的事情。看来，我无心的举动竟然被萌宝细心地发现了，而且还给她留下了这么不好的印象。

看来，当妈妈的要时刻注意自己的言行举止啊。

辣妈养女经

若想让孩子做到，就得自己先做到。对孩子要言传身教，而不只是说教。要想让孩子养成一个好的行为，就要自己先做到，并适时对孩子进行引导。而不是自己都没做到，却一味地要求孩子做到。

13
要学着关心孩子的感受

* * *

萌宝是我一手带大的，跟我特别黏糊。

有一段时间，我经常有事外出，常常会把萌宝交给萌爸照顾。经过这段时间的相处，他们父女俩的感情非常好。从那以后，萌爸不在家时，萌宝会嚷嚷着要给爸爸打电话；萌爸在家时，小妮子也会经常和爸爸黏糊在一起。有好多次，我都羡慕得不得了。

有一次，我和萌爸闹别扭后"离家出走"，去了附近的姐姐家。到了晚上，萌宝问我为什么还没回家，我竟赌气说："妈妈告诉你，以后别理你爸爸，你只能和妈妈好，知道吗？"萌宝"嗯嗯"地点头答应着："我就和妈妈好，不和爸爸好了。"随后，我和萌爸很快就和好了，我也把当时跟萌宝说的气话忘在了脑后。当时，我完全没有意识到自己说话的分寸，更没想到，这会给他们父女俩的感情带来伤害。

这次回家后，萌宝突然开始特别排斥萌爸了。有一天，我身体不舒服去输液，萌宝被萌爸接回了家。没一会丫头就给我打电话，她一边伤心地哭，一边问："妈妈，你什么时候回来啊？我要妈妈。你赶快回来好不好啊？"那段时间一到了晚上，萌宝都不让萌爸上床睡觉。否则就哭得稀里哗啦的。而萌爸对于女儿的疏远显然有些伤感，也束手无策。

随后，我进行了反思：肯定是那天晚上我无意中的一句气话让萌宝和萌爸的感情出现了裂痕。看来，以后我和萌爸不该再毫无顾忌地当着女儿的面吵架了，而我更不该跟女儿乱说伤害父女感情的话。

辣妈养女经

别看萌宝年纪小，可她的心思很细密。父母吵架，受伤害的永远是孩子。为了孩子，我和萌爸再有矛盾时都尽量私下解决，也开始学着关心孩子的感受。

14
夫妻吵架肯定会伤到孩子

* * *

萌宝快6岁了，对于爸妈吵架，她也开始有自己的看法了。

结婚这几年，都是萌爸在外打拼，我和孩子在家。其实，萌爸对我挺好的。但我们也难免会有一些争吵。

萌宝从来都不喜欢看到我和萌爸争吵，我们也不敢在她面前大吵，以免引起小丫头的不满。但即使是这样，我们吵架了，萌宝也会察觉到。

有一次，她很认真地对我说："妈妈，你要是和爸爸离婚的话，我就跟着爸爸！"听了她的话，我惊呆了。

随后我问萌宝："爸爸妈妈为什么要离婚？你又为什么要跟着爸爸呢？"结果，她一本正经地说："因为爸爸每次带我去超市，我要什么他给我买什么。而你并不会答应我所有的要求。"

听了这话，我彻底无语了。

说实话，我和萌爸吵架，说到着急时我也经常会拿"离婚"说事。我甚至说过一句话："要不是看在孩子的份上，我们就离婚好了。"还好萌爸比我理智，并没有顺着我的话说下去。

谁知道，说者无心，听者有意。萌宝倒是听进去了。事实上，夫妻吵架受伤害的永远是孩子。看来我需要检讨一下：以后真不能拿离婚说事了。

辣妈养女经

其实夫妻之间吵架是再正常不过的事。但有了孩子，就得顾及孩子的感受了，尤其不要总是提到离婚，否则孩子会记到心里去的。

▲ 现在萌宝睡觉，总爱在家里
独占一片天地。

15
不习惯和爸爸睡

＊　＊　＊

萌宝渐渐大了，习惯了和我在一个床上睡觉。

在怀孕时，由于我和萌爸的作息时间不一样，为了让我能够踏踏实实地睡觉，我们便开始分房睡了。萌宝出生后，我担心萌爸会压到小家伙，就更不让他在我们屋里睡觉了。

随着萌宝越来越大，我觉得不能总这样下去，决定还是三个人一起睡觉吧。晚上睡觉时，萌宝睡在我和萌爸中间，她一晚上都踏踏实实的，睡得特别香。早晨，萌宝醒了就下床了，我以为小丫头上卫生间了，等了半天她也没进屋。

我很纳闷，就喊道："宝贝，你在哪儿呢？干吗不进屋里来啊？"隔了好长时间，萌宝才懒懒地回答："妈妈，我在大屋呢。"我很惊讶，赶紧坐了起来："闺女，你怎么跑大屋去了呢？"萌宝带着哭腔说："妈妈，爸爸在咱们床上睡觉。我不要，我要自己在大屋睡。"说完，她哭得稀里哗啦的。

我只好依着她，劝她说："好宝贝，别伤心了啊。我们要慢慢习惯爸爸睡咱们屋，好不好？等你长大了，你就自己一个人睡一个屋子。现在你还小，所以要和爸爸睡一个屋子好不好？"萌宝看着我，紧紧搂住我的脖子，说："妈妈，我答应你，以后和爸爸好好相处。"

萌爸不在家，萌宝会想爸爸，可萌爸在我们床上睡觉，她会很排斥。

辣妈养女经

本来我们是买了婴儿床的，但由于我是母乳喂养，总觉得丫头在小床上睡觉不踏实，所以就没让萌宝睡婴儿床。萌宝习惯了和妈妈在一个屋睡觉，当她发现爸爸突然出现在身边睡觉时，就特别不适应。

16
父女争吵，像两个活宝

✳ ✳ ✳

萌宝小的时候，很排斥萌爸。萌爸在家想抱抱闺女，亲亲她。小丫头一点也不领情，老嚷嚷着要妈妈抱。等萌宝大一点的时候，萌爸有空了，也会时不时地带带丫头，父女在一起玩的时间多了，感情也越来越浓了。慢慢地，我竟然成了局外人！

在家中，父女俩像两个活宝，总会弄出一些趣事来。

趣事一：萌宝不让萌爸抽烟，说："这才是好孩子！"

一天下午，我们一家三口坐出租车去吃饭。萌爸一上车，习惯性地点了支烟。坐在后座的萌宝一看，不高兴了，大声喊爸爸："爸爸，你不许抽烟，在车上不能抽烟。"萌爸偷笑了一下，没理萌宝。谁知萌宝不依不饶，说什么都不让爸爸抽烟。

萌爸一看闺女不高兴了，只好把点着的烟掐灭了。这下萌宝把小嘴一撇："哼，以后不许在车上抽烟啊！"惹得司机和萌爸大笑了起来。萌爸只好答应闺女："好，爸爸答应你，以后在车上不抽烟！"萌宝用大人的口气说："这才是好孩子！抽烟对身体不好。"惹得萌爸直乐。

趣事二：萌宝和萌爸吵架，吵到睡觉

朋友送来一箱苹果，里面有一块泡沫，萌宝把泡沫当成玩具玩，弄得满地都是。萌爸数落了萌宝几句，刚开始小丫头还伶牙俐齿地顶撞。

我任由他们吵，没一会俩人没声了，我好奇地去看

▲ 在爸妈面前大胆、调皮、自信的萌宝。

了看，乐了。小丫头东倒西歪，坐在沙发上打起了瞌睡。

我蹑手蹑脚地走到丫头跟前，问萌爸："你们两个不是在吵架吗？怎么萌宝睡着了？"萌爸笑着说："估计是吵累了。哈哈！"难怪人家说小孩子没压力，吵架也能吵到睡觉。呵呵！

趣事三：萌宝叫萌爸起床"大懒虫，快起来！"

早晨，萌宝叫萌爸起床。萌爸很困，向女儿求饶。萌宝没理会，挠萌爸痒痒："哼！我让你还敢睡懒觉。大懒虫，快起来！"萌爸只好起床了。

萌宝捂嘴偷着乐："妈妈，爸爸被我折腾起来了！"我们母女俩抱着笑成了一团。接着，她又换了一副凶巴巴的表情："哼，想睡懒觉可不行！"萌爸从卧室出来，猛抱起了萌宝，他们父女俩高兴地笑着、闹着，打闹成了一团。

现在，萌宝也开始黏糊萌爸了。有一段时间，萌爸也没什么事，居家的日子比较多，没事就陪着萌宝玩。萌宝和爸爸的感情也培养起来了。

每天小丫头一醒来，不是捏捏爸爸的鼻子，就是掐掐脸，并嚷嚷着让爸爸起来："老爸，你不许睡懒觉，起来陪我玩。"

呵呵，看着他们父女俩在一起高兴地玩耍嬉戏，我才知道，原来被孩子黏着也是一件幸福的事。

辣妈养女经

都说女儿和爸爸亲，这话真是不假。如今萌宝每次看到爸爸出门都会追在爸爸身后，缠着不让出门。并且，萌宝每次从外面回到家，只要看不见爸爸，就常会表现出一副失落的样子。

17

有了孩子，我们更有了生活的动力

* * *

如今大家都在热议，夫妻双方月收入多少才敢要孩子。其实我的看法是，随遇而安也很好！不必太为未来担忧，有了孩子，我们就会更有生活的动力！

我当初怀孕时，老公的收入还不稳定。但我依然决定生下孩子，并且从来没有后悔过。在此，我想说几点自己的看法：

建议一：婚姻还是要以感情为主

我这个人有点小资情调，没有什么人生规划，凡事喜欢随遇而安。认识老公后7天后，我就嫁给了他。后来意外怀上了宝宝，就决定生下来。朋友们认为我太草率了。但我相信我的感觉，结婚还是要追随自己内心的感觉。

建议二：有了孩子就要为孩子负责

我怀孕时，老公的工作还不稳定，没有固定收入。但我们仍然决定生下宝宝。虽然经济上一开始会比较紧张，但我认为，有了孩子就一定要为孩子负责。事实上，经过萌爸和我的努力，这一路走来，我们一直很幸福！

建议三：孩子是父母前进的动力

有了闺女后，我和萌爸一直冲劲十足。在萌宝1岁以前，我和萌爸花的钱几乎都是我俩没有结婚前各自积攒下来的老本。在萌宝出生后的这几年，我们的经济状况逐渐改善。其实，孩子就是父母前进的动力。

辣妈养女经

当时，我和萌爸决定要孩子后，周围的亲朋好友都为我们捏了一把汗。毕竟我们当时的经济情况并不好。但事实证明，有了孩子，我们更明白了努力打拼的重要性，日子也过得越来越好。

18
爸爸也需要多陪陪孩子

* * *

▲ 萌宝说："我不想要钱，我只想让爸爸（下班）早点回来。"

现在的社会节奏快，职场父母们大多没多少时间陪孩子，萌爸也一样。他时常需要外出工作，根本没有多少时间陪萌宝。

晚上，萌宝等了好长时间，萌爸还没回来。萌宝说："妈妈，爸爸怎么还不回来？"

看到闺女眼泪汪汪的，我心里也酸酸的，问她："是不是想爸爸了？"

萌宝点点头，含着泪花说："我都给爸爸打了两个电话了，他每次都说马上回来。可我都等这么长时间了，他为什么还不回来？"

我只好耐心解释："宝贝，你要理解爸爸，爸爸也是为了让我们有更好的生活。"

萌宝摇摇头，说："我不想要钱，我只想让爸爸早点回来。"

萌宝越来越大，对萌爸的依恋程度也越来越强。尤其到了晚上，萌宝更是会不停地给爸爸打电话，每次都会问："爸爸，你到底什么时候回家？"

每当这时我都在想：我再怎样陪伴宝贝，也替代不了爸爸的陪伴啊！

其实，每次萌爸回来的时候，萌宝大多数时候都已经睡着了。而萌爸回来第一时间也会亲亲闺女的小额头，轻轻地拍拍她。

萌爸陪孩子的时间少，我能明显感觉到闺女的委屈和不满。所以，上班的父母还是应该多陪陪孩子。

19
5岁萌宝，像个小大人

❋ ❋ ❋

萌宝5岁了，说话做事越来越有大人的味道了。

有一段时间，萌爸迷上了玩麻将，萌宝很有意见。每次萌爸回来，萌宝就插着腰，用小手指点着萌爸说："哼，爸爸，你太不像话了。每次都是出去玩牌，你除了玩牌别的不会干吗？"萌爸一脸无奈地说："出去玩牌也是一种工作。"

这话自然骗不了萌宝。她一脸正气地反驳："得了吧，你就每天输钱，我妈妈辛苦赚来的钱都让你给输掉了。"这话说得相当硬气啊。要知道，萌爸从小到大可是没有怕过的人，萌爷爷和萌奶奶都没这样说过他，现在总算有拿得住他的人了。

有一天晚上，萌爸打来电话，丫头抢过来，说："爸爸，我告诉你啊！你可少喝点酒，别喝多了啊，不喝酒不抽烟才是好孩子！"

电话那头，萌爸答应着。萌宝又说："爸爸，记得回来的时候给我买好吃的啊！"萌爸一一答应了，萌宝才把电话给我。

我和闺女在大卧室睡觉，萌爸在小屋睡。一旦萌爸要抽烟，萌宝就立马说："爸爸，告诉你别抽烟，知道不？你让我和妈妈都吸了二手烟。"萌爸一听，立马把烟掐掉。每当这个时候，我心里那个爽啊，终于有人为我做主了，真是家有小女万事足哦！

辣妈养女经

随着萌宝逐渐长大，我和萌爸更在意孩子的想法了。若遇到实在难以控制情绪的事情发生，只要看到闺女，我们也会尽量克制着。所以，现在我们吵架的次数是越来越少了。

▲ 我开车带萌宝出去玩，她总
是十分开心。

20
老公婚前婚后的 N 个区别

✳ ✳ ✳

萌爸婚前婚后的差别太大了，简直没有可比性。

记得我和萌爸初次见面时，我从上海飞到北京，萌爸大老远地从我家这边开车到首都机场等了我好几个小时，也不知道他是哪里来的精神头，那么执着，那么有耐心。

在婚前，我在萌爸眼里也算是个"公主"，可结婚以后呢？完全不是这么回事了，用他婚后的话说就是：他是爷们，是负责赚钱养家的；而我是女人，是负责家庭琐事的。

唉！还能说什么呢？我只能扛着了。正如朋友们所说："你应该适应啊！男人婚前婚后本来变化就很大，如果你一直不适应，还不是给自己找不痛快。"嗯！也是啊，我也只好自己调节适应了。

总的说来，萌爸婚前婚后的区别，主要表现在以下几个方面：

区别一：婚前一再保证三餐由他来做，婚后拒绝迈进厨房

众所周知，我和老公是闪婚。刚开始我们最主要的联系方式就是打电话。记得当时我最关心的问题就是婚后谁做饭的问题。

当时，萌爸一再保证他做饭，还大言不惭地说自己做饭如何如何好吃，保证不会让我下厨房。我当时还信以为真了。但事实是，结婚以后，我这个婚前只会煮方便面的女生硬是被他打造成了"厨房高手"。

区别二：婚前夸我穿什么衣服都有型，婚后我穿什么都被他贬低

我和萌爸刚相处的那几天，不管我穿什么他都夸我有型，用他的话说就是："在我眼里你穿什么都好看，都有气质。"

而现在呢？每次我问他："你觉得我这件衣服怎么样？"他经常头也不抬，就回一句："都孩子的妈了，再怎么穿也就那样了。"

只要听到他这句不认可的话，我就想狠狠地拍他一巴掌，都说"情人眼里出西施"，我看这句话分明只适合刚开始恋爱的男女。

区别三：婚前他频繁带我到不同场合去应酬，婚后拒绝我跟随其后

还没结婚的时候，萌爸到处拉着我去见朋友，不管熟不熟，都带我去见，还逢人便说："这是我女朋友。"当时，他恨不得告诉全世界他有女朋友了。

那时，不管是重要的，还是不重要的饭局，他都一概带着我去。

每次问他是不是方便，他都一脸不在乎地说："带着你去哪儿都方便！"

可好景不长，刚结婚没几天，人家就一改婚前的做法，但凡出去应酬，不管是方便还是不方便，他嘴里一概都是："带你去不方便，人家都不带老婆，我带着老婆算怎么回事啊。"

我就纳闷了，同样是一个人，怎么婚前婚后的差别就这么大呢？

辣妈养女经

其实说起来，女人在婚前婚后也会有变化。当初，在结婚之前，我也是一个看起来柔柔弱弱，说话温柔的女孩。可现在，我被现实生活磨炼得也变得脾气暴躁、没有耐心了。日子总要继续，人也总会改变。也许，这就是生活。

▲ 辣妈爱漂亮，特别臭美，这
也是让萌爸最担心的事哦。

21
老公深夜查岗的惊魂事

✳ ✳ ✳

话说有一天晚上，由于姐夫去外地出差了，姐姐就喊我去她家做伴。本来这是一件再也正常不过的事，以往也有过。

那天，萌爸恰好在外面和朋友喝酒，我就打了个电话告诉了他。他二话没说就答应了。就这样，我和萌宝带了简单的东西去了姐姐家。

那天，姐姐上了一天班比较累，我们早早就睡下了。每次睡觉之前，我都习惯把手机调成静音，当天晚上也不例外。孩子们玩了一天也累了，几个人很快就进入了酣睡状态。就在我们睡得正香的时候，突然被一阵急促的敲门声惊醒了，敲门声让我们慌乱起来。

我赶紧问姐姐："是不是邻居有什么事情敲门？"

姐姐迷迷糊糊地说："不可能啊。不管谁敲门，我们都不要开了。"

说实话，我当时真的被突如其来的敲门声吓到了。本来我以为没人去开门，对方很快就不会再敲了，可敲门声似乎越来越重。我硬着头皮来到客厅，怯怯地冲着门外的人喊道："是谁啊？"结果对方一开口说话，我就顿时无语了，原来是萌爸！

我一听是萌爸，赶紧打开了房门。我问他："干什么大半夜的不睡觉来敲门啊？"

他看到来开门的是我，连家门都没进，竟平静地来了一句："怎么打电话不接啊？"

我瞥了他一眼："几点了？我睡觉时就把手机调成静音了。不是都和你说好了来我姐家吗？还打电话干吗？"

他二话没说，抬起腿就走了。看着他离开的背影，我真是又来气，又想笑。

从萌爸的举动中，我看到了一层意思：这明显是来查岗的啊！

待萌爸走后，我冲着姐姐哭也不是，笑也不是。

姐姐说："他还真逗啊。一准是来看你到底在不在我家，估计以为你不接电话是出去玩了呢，所以过来查岗。"

我突然无语了。我平时也不出去玩啊，怎么会给他造成这样的压力呢？哎呀，话说我家的那个大男人居然也有今天啊！哈哈！

第二天回到家后，我故意逗萌爸："你是不放心我吧？"

萌爸正眼也没瞧我一下，很不客气地来了一句："谁要查啊？我昨天晚上喝多了。"

哼，喝多了你还知道去我姐家找我？明明就是"酒醉心明"。我想我和萌爸的关系也真够逗的，当初是我一直对他的行踪不放心，现在完全反过来了，他开始对我不放心了。也好，适当给萌爸一点压力也是可以的。

辣妈养女经

一回想起那天晚上发生的事情，我就觉得又可气又好笑。话说结婚时都是我对萌爸不放心，整天对他进行"跟踪调查"。也许，这就是闪婚的后遗症吧。

239

▲ 拍照前，我会给萌宝好好打扮一番。

22
我是女儿的"专职摄影师"

* * *

萌宝出生后，我就买了一台数码相机，只为了记录女儿成长中的点点滴滴。等萌宝长大了一些，我又不满足用数码相机来拍照了，所以又买了一台专业的单反相机。

其实，我并不会专业的拍摄技巧，只是习惯用自动挡来为闺女拍下每一个精彩的瞬间。拍照时间长了，我也变成了一个痴迷摄影的业余爱好者。

在萌宝三四岁后，我更是将拍照当成了一种生活习惯，没事就会带着闺女，挎着相机，随时来个街拍。

当然，这期间也发生了很多事。比如有一次去公园，我们一到了就开始拍照。等拍了几张我自认为特有感觉的照片时，我才猛然发现：相机没带储存卡！这好比是我辛辛苦苦敲出来的 10 万字，突然因为死机全部瞬间消失一样。我的心情简直没法提了。

与没带储存卡相比，我还遇到过更糟糕的事。有一次，我打开电脑准备上传照片，竟然显示磁盘毁坏。结果，萌宝近半年各个阶段的照片说没就没了，这可是无法用金钱衡量的东西啊！我只怪自己偷懒，没有提前将照片导入 U 盘。

经过了这几次教训，有个朋友提醒我说：为了防止照片丢失，可以准备一个移动硬盘，每次拍完照片就立刻备份。

辣妈养女经

经过这几年的总结，我发现带孩子外出拍照，最好先检查一下相机的电量和储存卡等，以防万一。

23
妈妈的吻是最温暖的
❋ ❋ ❋

萌宝出生后，基本上都是我一个人在照顾她。

当她有了进步，我会跟着她高兴；当她不开心时，我会使出浑身解数去安慰她。对我来说，萌宝只要健康快乐就行。

一遇到萌宝生病的时候，我真是彻夜难眠。我常常回想起抱着萌宝吃奶的日子，那么难的日子我都走过来了，将来不管怎么样我都要把女儿抚养成人。

在亲戚朋友的眼里，我是一个特别多愁善感的小女人。平时我看电影，总是被感动得稀里哗啦的。

有一次，我看了一段视频，是一位妈妈在满含爱意地亲吻熟睡中的儿子，那是多么熟悉的场景，我突然想到了我的妈妈，还有当了妈妈的我。在我小时候，妈妈也常常在叫我起床时温柔地亲吻我，让我至今记忆犹新。

转眼间，我已经从一个小姑娘升级做了妈妈。和老妈当初一样，我每天早晨也爱静静地看着熟睡中的萌宝。这时，我总会忍不住去亲亲她的小脸蛋，帮她拉拉已经踢开的小被子，或是抚摸着她柔软的头发，然后等她醒来一起吃早餐。

可以说，妈妈的吻代表了妈妈的爱。我想，全天下每一位妈妈都有一颗爱孩子的心。

那段视频中的妈妈，一直坚持在细节上用心地照顾儿子。儿子也成了妈妈工作和生活的动力，不管遇到什么困难，妈妈都能克服并坚持下去。我也想到了我自己，为了女儿，我也会这么做的。

▲ 在萌宝眼中，妈妈的吻是最温暖的！

辣妈养女经

我曾经是个自由散漫的人，当了妈妈后，我有了很大的转变。比如每次写稿子没有思路、想要放弃时，我就会想到女儿。这时，我会先听听音乐，喝点咖啡，整理一下思绪，然后再坚持着完成当天的稿件。

24
我要做真正的辣妈

* * *

有时候我照镜子，会突然发现不认识自己了。

从结婚到生子，从萌宝是个小婴儿的时候，一直到她长到五六岁，我一直处于全职妈妈的状态。生活的琐碎让我变得有点急躁和抱怨，更多的则是没了耐心，我想可能这就是婚姻生活吧。正应了那句话：爱情是美好的，现实是残酷的。但我还是不想做怨妇，我要做真正的辣妈，找到属于自己的生活。

以前萌宝还小，我疏忽了自己，不打扮，不买新衣服，更不看首饰。虽说是 80 后，可我感觉自己整天像个老太婆一样落伍。

那时候，我一度对生活失去了信心，眼里除了女儿就是老公，觉得全世界就只有这么两个人。他们父女俩的所有喜怒哀乐都和我紧密相连，那时我感觉他俩就是我的整个世界。可随着时间的推移，我突然想要改变这种状况了。

以往，我离开萌宝一会，就会觉得自己受不了，心里充斥着不安。每次逛街没几分钟，我就会屁颠屁颠地跑回家。自从萌宝上幼儿园以后，我突然开始放松下来，又有心思打扮自己了。

隔三差五，我就会把闺女送到婆婆家一会，然后腾出时间做点自己的事。我觉得，有时候人的改变真的很大。最起码，我不再那么自怨自艾了。心态也放平和了。随着我的改变，家里人也有了更多的欢乐。

看来，当妈了也要找到自己喜欢的事情做，这样才能做个潇洒的辣妈！

辣妈养女经

在我看来，人只有开开心心地过日子才是王道。当妈妈后，我本来以为自己快要被社会淘汰了，成为了老太婆、怨妇。但庆幸的是，我并没有放弃自己，而是尽可能去打造一个别样的生活。

附录　0~6岁亲子阅读推荐书目

0~1岁

* * *

阅读是一个潜移默化的过程，对于1岁前的宝宝，妈妈可以买一些有大幅彩色图案和简短文字的图书，比如动植物图片和娃娃笑脸的图书。《好宝宝启蒙翻翻大挂图》宝宝就很喜欢。

1~3岁

* * *

这个时期，可以给宝宝买一些有着简单故事情节的童话书，还可以给宝宝买一些迷宫书、拼图书等需要宝宝动手和动脑的益智图书。另外，日常规范、方位概念等启发教导性的图书也是应该给宝宝准备的。

《暖房子爱的故事口袋绘本》：共30册，画面超级温馨，令人百读不厌，而且还是口袋书，非常适合孩子阅读。

《歪歪兔安全习惯系列》：共10册绘本，这套书有助于提高家长和宝宝的安全意识，还可以让宝宝潜移默化地养成各种良好的安全行为习惯，拥有自我保护能力。

《黑多多和花点点的故事》：适合2~3岁宝宝的绘本。画面精美，故事有趣，通过两个可爱熊猫的故事，教宝宝从小就要培养良好的生活习惯，做个自信、善良、懂得与人分享快乐的宝宝！

《小熊和最好的爸爸》：共7册。这是一套适合宝宝和爸爸共同阅读的绘本，里面还有一些亲子游戏的内容，好看又好玩。

《猪小锅和狼小怪》：通过一只充满了想象力的猪和一只特立独行的狼，制造出各种啼笑皆非的闹剧，带宝宝进入了一段奇妙的梦幻旅程。

《巴巴爸爸》：很有想象力的一套书，孩子爱不释手，经常拿过来让我讲。

《我爱幼儿园》：幼儿园入学准备的书，用简单的线条和儿童的视角表达出一个幼儿园孩子真实细腻的感情，让孩子对幼儿园不再恐惧。

3~6岁

* * *

这个年龄段的宝宝阅读理解力迅速发展，这时适合读更有想象力、情节更曲折的故事，但篇幅仍不宜过长。还可以尝试给宝宝买一些科普书等。

《贝瓦淘奇包》：故事充满童趣，语言风趣幽默，适合学龄前宝宝。

《小威向前冲》：一本幽默的性教育绘本，帮助宝贝了解必要的性科学知识，让"性"在孩子眼里不再神秘。

《猜猜我有多爱你》：世界性的经典图画书。整个书中充溢着爱的气氛和快乐的童趣，画面中小兔子亲切可爱的形象深入人心。新奇的故事尤其吸引孩子．尤其适合睡前亲子阅读！

《一粒种子的旅行》：这本书将带孩子走进一个神奇的植物世界。书中插画漂亮，是一本适合孩子看的有趣的科普读物。

《小熊不刷牙》：这是一本培养孩子好习惯的书，一本和爱护牙齿有关的书。书中通过有趣好玩的故事，让宝宝懂得刷牙的重要性，从而爱上刷牙，预防蛀牙。

《一片叶子落下来》：这本书通过一片叶子经历四季的故事展现了生命的历程。画风清新简单，很优美。

《小布头奇遇记》：这套书通过小布头的奇遇，引发了一系列生动有趣的故事，书中故事构思巧妙，语言风趣幽默，很适合亲子阅读！

《洋葱头历险记》：这本书以人们常见的蔬菜瓜果作为主人公，写出了劳动人民反抗统治者压迫的故事。故事人物形象鲜明，情节曲折，是非常有趣的一本书。通过书中的故事情节，宝宝会知道，原来只要坚持去做一件事，就一定会做好。

《独一无二的你》《勇敢做自己》：让孩子从小就意识到自己的特别和独一无二，也让孩子在接受自身特点的同时，能够学会欣赏别人的特别之处，从而变得更加勇敢与自信。记得书中有一句话："生命是一个漫长的旅途，你要勇敢做自己。"